CHRISTINE
ZUREICH

GARTEN, BABY!

Roman

fünf

»Das ist wohl gesprochen«, antwortete Candide, »aber wir müssen unseren Garten bestellen.«

Voltaire, Candide

INHALT

GRÜN

Pippa rekelt sich auf dem Liegestuhl unter unserer Kirsche und sagt – einfach so, aus dem Nichts –, unser Garten sei gar kein Urban Garden.

»Hast du die Kräuterspirale nicht gesehen?«, sage ich, Stimme schriller, als ich will, Farbe überall, grüner Nagellack, nur nicht, wo er hinsoll.

Idiotische Idee, die Füße zu bemalen.

»Wir haben Tomaten zur Straße hin«, sage ich, »ein Feigenbäumchen neben der Haustür und hier hinten Zucchini, Zuckermais, Karotten, Kürbis, Salat, Schnittlauch und zwölf verschiedene Arten Basilikum. René, der Lover von Fred aus dem Parterre, sammelt seltene Sorten.«

»Schon«, sagt Pippa, die wegen der grellen Maisonne die Augen geschlossen hält, also gar nichts sieht, weder die Kirschblüte noch die Bankentürme hinter den Dächern. »Nur: Einfach Gemüse in irgendeiner Stadt macht noch keinen Urban Garden, Doro.«

Ich reiße ein Büschel Gras aus zum Wischen, die Haut auf den Füßen, den Rist.

Pippa zählt Kriterien auf, eine Kleine Phänomenologie des Urban Gardens:

1. je mehr Einwohner die Stadt, desto authentischer
2. vintage Saatgut, bio, mit Stammbaum
3. Pflanzbehältnisse aus dem Gelben Sack: Zahnpastatuben, Ölivenölkanister, etc.

Ich versuche es mit Argumenten. »Unsere Stadt ist die kriminellste im Land, führt seit Jahren die Statistik an!« Das muss doch zählen. Und der Garten: mittendrin, nicht irgendwo am Rand, Speckgürtel oder Vorort. Nicht mal Schrebergartenkolonie. Sonst hätte sie vielleicht noch recht.

»Wir haben drei U-Bahn-Stationen und zwei Trams in Sichtweite«, sage ich und versuche Spucke für den Lack, ohne recht daran zu glauben. »Unser Kiosk hat im Neunzehn-Stunden-Betrieb geöffnet. Die City, Museen, Bibliotheken: alles zu Fuß erreichbar.«

Pippa gähnt, zupft an ihrem Tanktop. Größe S, ich weiß nicht, wie sie es macht, sie behauptet, ohne Sport, Diäten.

»Renés Basilikum!«, sage ich. »Nicht mal Google kennt alle Sorten. Er bringt sie mit von seinen Reisen.«

Tit-tit-tit-tit-tit. Aufgescheucht fliegt eine Amsel vom Zaun zur Birke.

»Vielleicht haben wir keinen hohen Upcycling-Anteil bei den Pflanzbehältnissen«, sage ich, »aber Schnittlauch in Sauerkrauteimern. Und Palettenhochbeete für Karotten.«

»Okay, okay«, lenkt Pippa ein, »und den Salat habt ihr in Eimern eingebuddelt. Hab ich gesehen, Doro, brauchst du nicht mehr aufzuzählen.«

Ich sage ihr nicht, dass die Plastikdinger Schneckenkrägen sind, Neuware aus dem Gartencenter.

Pippa. Pippa aus Berlin, Hauptstadt, wo man nie einfach nur wohnt, immer heißt es: *lebt und arbeitet in*. Eigentlich ist sie aus Schwaben. Eine Cousine von Rob, der trotzdem ins Büro musste heute. Irgendeine Abgabe. Nach dem Wettbewerb ist vor dem Wettbewerb. Architektenschicksal.

»Kannst dich ja ein bisschen kümmern um sie«, hat er in der Früh gesagt und seine Planrolle umgeschnallt. »Ist doch nur bis morgen, und du bist ja sowieso zu Hause.«

Besuch. Der Garten. So wird das nie was mit dem neuen Buch. Verkaufen sich von alleine, Schwedenkrimis, sagt der Verlag, hätte die Übersetzung lieber gestern als heute. Cash Cow, da will ich nicht meckern. Aber ein eigenes Buch wäre schon schön. Ein Roman ohne Mord, Schneegraupel, peitschendem Wind. Nur mein Name auf dem Cover. Was Bleibendes: Doro für die Nachwelt. Ich weiß nicht, ist das noch Quarterlife-Crisis oder schon Midlife?

Die grünen Zehennägel sind mir egal. Ein Zeitvertreib, mehr nicht. Wenn man immer nur zu Hause arbeitet, verlottert man mit der Zeit, aber irgendetwas muss ich ja tun, hier mit Pippa.

Pippa arbeitet sonst auch rund um die Uhr in ihrer Agentur, sagt sie, und dann der plötzliche Erfolg mit ihrem Dawanda-Shop, Siebdruckpapeterie, Paper Craft. Jetzt braucht sie erst mal Pause, Myanmar. *Sommer vortanken*. Von unserer Großstadt gehen mehr Flieger als von ihrer, oder sie sind billiger. Deshalb hat sie sich einquartiert bei Rob und mir, einen Tag und eine Nacht, Familienbande pflegen nennt sie das, dabei will sie nur sparen. Schwaben-Gen. Ich kenne das von Rob.

Pippa sitzt in unserem Liegestuhl und nuckelt an ihrer Wildpflaumenbrause. Ein Etikett, als hätte man alte Ost-Bestände ausgegraben. NVA, Rote Armee. Den Trinkhalm aus Papier hat sie auch mitgebracht in ihrem Rollkoffer.

Pippa streckt sich, Hände über dem Kopf. »Das wichtigste Einzelfeature beim Urban Garden ist –«, sagt sie, Finger klimpern in der Luft, »Vertikalität!«

Sie öffnet die Augen, lächelt mir ins Gesicht. »Aus Platzmangel in Etagen pflanzen! Dachterrassen, Hochbeete, grüne Lagerregale.«

Haben wir zu viel Garten für einen *Urban Gar-*

den? Nach vorn raus zur Straße hin, das Vorgärtchen, vielleicht fünfundzwanzig Quadratmeter, hinten höchstens hundert. »Räume für Gartenträume«, hatte der Makler gesagt, damals vor drei Jahren, und auf seinem Zahnstocher gekaut. »Grünes Kleinod« – Chiffre für: runtergekommen und überwuchert. Der ganze Block hat solche Hinterhöfe; sie gehen ineinander über, zerfallene Mäuerchen, Maschendraht zur Abgrenzung, ein Streifen Wildwuchs im Häusermeer. Nur in der 15, beim Zahnarzt: Englischer Rasen, und beim Rentner Ecke Kubitzki-/Melcher-Straße am anderen Ende des Blocks: ein Zwergenparadies. Windmühlen, Fliegenpilze aus alten Kabeltrommeln, ein Kettenkarussell; unzählige Figuren aus Gips mit abgeplatzten Nasen und Zipfelmützen.

Gartenträume? Hatten wir nicht, Rob und ich auf Wohnungssuche, das erste Mal zusammen. Architekt und Übersetzerin: Wir konnten froh sein, den Zuschlag zu kriegen. Bezahlbare Miete, zentrale Lage. Garten? Garten war noch Vorort, ganz und gar nicht hip, drei Jahre her.

»Aber die Hochhäuser!« Ich reiße den Arm hoch, Pippa soll die Skyline sehen zwischen den Baumwipfeln, den Dächern. »Hier ist mehr Platzmangel als bei euch!« Ich erwische das Nagellackfläschchen. Künstliches Grün breitet sich auf dem Gras aus.

Pippa verdreht die Augen. »Das Problem ist

doch«, sagt sie und saugt ihre Flasche leer, am Papierhalm ein Hauch Lippenstift, nude, »das Problem ist: Ein Urban Garden darf nicht zu gepflegt aussehen, Doro. Ein Urban Garden«, sagt sie und kramt eine Sonnenbrille aus ihrem Beutel am Boden, »darf nie *clean* sein.«

Da tritt, als hätte sie das gehört, die Dittrich auf den Balkon, Parterre links. Die Frau hat den siebten Sinn! Ohne zu grüßen, wie zu sich selbst, sagt sie: »Vor lauter Unkraut sieht man keine Pflanzen mehr!« Sie trägt ein Hauskleid aus türkisfarbenem Frottee.

Pippa schiebt sich die Sonnenbrille ins Haar und starrt die Dittrich an, als gäbe es keine alten Frauen in Berlin. Dann runzelt sie die Stirn, die Brille fällt zurück an ihren Platz.

»Hat die den Garten angelegt?«, fragt sie schließlich.

Grotesk, mein Reflex, ausgerechnet die Dittrich verteidigen zu wollen! Sie war die Erste im Haus, die wir damals kennenlernten, Rob und ich. Kehrwoche 1 und gleich Vollversagen; Mülltonnen nicht in der richtigen Reihenfolge zurückgestellt, den Rasen gegen den Strich gebürstet, was weiß ich. Es hat sich einiges angesammelt in den drei Jahren seit unserem Einzug. Die Dittrich führt Buch. Ein Sündenregister.

»Die Dittrich«, sage ich, »hat zuletzt die Rosen

vorne gepflanzt, zirka 1950.« Dittrichs Sohn hat eine Blumenboutique in Baden-Baden. Das macht die Dittrich zur Expertin.

Ein Garten, den man nicht bestellt, aber das sage ich Pippa nicht, ist wie ein Nachbar, für den man nicht stehen bleibt auf der Straße. Kurz hingeschaut, ein schemenhaftes Wiedererkennen, unter uns die dicke Frau, neben ihr die Alleinerziehende mit dem lauten Mädchen. Struppige Rosen vorne, hinten moosiges Gras und ein paar alte Bäume, ein knapper Gruß im Vorübergehen, ein Nicken, im ersten Jahr, als wir hier frisch wohnten, Rob und ich.

Ich schaue Pippa ins Gesicht, das ungeschminkt aussähe, wüsste ich nicht, dass sie eine Stunde im Bad zugebracht hat für den Look. »Den Urban Garden hat Fred angelegt. Eigentlich ist er aus Texas«, sage ich, »jetzt Halbparterre rechts.«

Pippa schnalzt mit der Zunge. Natürlich, Texas ist nicht Brooklyn, Williamsburg.

»Er will nicht zu seinem Dauer-Lover ziehen«, erkläre ich, »obwohl der eine Wahnsinnswohnung hat, nicht weit von hier, zehn Minuten zu Fuß, weil René zu viele Katzen hat. René züchtet Basilikum *und* Perserkatzen.«

Fred ist vor zwei Jahren in die Drübkestraße gekommen, ein Jahr nach uns, mit seinen Holzfällerhemden, einer neurotischen Katze und unzähligen Setzlingen in Töpfen. Noch bevor seine Kisten komplett ausgepackt waren, begann er den Boden zu beackern, vor und hinter dem Haus. Uns. Er verwickelte das ganze Haus in Gespräche über das Wetter, Insekten, schob uns dabei kleine Aufgaben unter. Mal eben schnell die Heckenschere halten, danke, jetzt den Spaten.

Ehe wir es wussten, hatten wir ein Projekt, einen Urban Garden, rissen samstags Unkraut aus statt Shopping, Fred, Sibel, ihr Freund Zeus, Zoé, die kleine Emily, Rob und ich. Unkraut, Gestrüpp, ein Teil der alten Rosen. Wir pflanzten Salbei, Lavendel, Thymian, Rosmarin. Das Grün, die Nachbarn bekamen Namen und Geschichten.

»Überhaupt«, sagt Pippa, »ist *Guerilla Gardening* geiler. Subversiver. Bunter. Samenbomben, gehäckte Grünflächen, Parks, Baumspiegelbeete. *Guerilla Gardening* ist *politisch*, nicht so *SCHÖNER WOHNEN*. Vorortidyll.« Als sie nach ihrer Tasche tastet, fasst sie in die Nagellacklache. »Fuck«, sagt sie. »Fuck!«

Ich schließe die Augen. Kopfkino: *Suburban Gardening I – The Attack*. Neukölln. Dunkle Nacht. Eine vermummte Gestalt jätet »Unkraut« in Pippas Beeten, tauscht im Schein einer Stirnlampe Pflanzbehältnisse aus, Terrakottatöpfe, Baumarkt-Toskana mit üppig blühenden Geranien, Begonien, Stiefmütterchen, wo vorher Kanister, Paletten, Reissäcke standen. Ich setze noch zwei, drei Keramikgänse in die Kulisse, Leuchtkugeln. Mal sehen, wie gut Pippa alternative Lebens- und Pflanzentwürfe aushält, real vegetierende Diversität!

Kirschzweigrascheln über uns, Filmstopp; ich öffne die Augen. Ein Rotkehlchen, das von Ast zu Ast hüpft. Halb in Trance noch, zucke ich zusammen, denke: Scheiße!, dabei ist es nur ein Einfall, der mich wie von oben trifft. Mein eigenes *Urban Gardening*-Manifest: Wachsen und wachsen lassen.

Ein einziger Satz.

BAUMHAUS

Augen kurz aufgeschlagen, im Halbschlaf noch eintauchen ins Blütenmeer, mächtige Krone; Landleben, könnte man meinen. Die Kirsche direkt vor unserem Gaubenfenster trägt im Sommer süße Früchte; viele doppelte zum Ans-Ohr-Hängen, wenn man in der Stimmung ist. Leider sind sie schrundig, Rob sagt: weil der Baum nie veredelt wurde; seine Oma hatte eine Streuobstwiese irgendwo am Bodensee. Sie sehen beide aus wie Lou Reed, Rob und seine Oma, sie in alt, er zirka Velvet Underground.

Ich drehe mich um, will weiterschlafen, da dröhnt die 7:26-Uhr-Maschine aus Dubai übers ungedämmte Dach; bei Westwind brauchen wir keinen Wecker. Klingt, als flögen die Piloten auf Sicht, quer über den Ostpark, die Habsburger entlang, dann links die Wittelsbacher runter.

7:27 Uhr. Wir wollten keinen Wecker heute, brauchen keinen. Es ist Samstag.

Unter uns stöhnt Erika, wegen des Fliegers oder

wegen Heidi, ihrer inkontinenten Katze. Nachts hören wir sie schnarchen. Beide. Erika und ihre Katze sind stark übergewichtig und laut in allem, was sie tun. Erika arbeitet in einer Wäscherei und hat Wasser in den Beinen. Ein paarmal haben wir sie eingeladen zum Grillen im Garten, aber sie will ihre Ruhe, hat offenbar auch keinen Spaß an Pflanzen; wobei sie sich immer bedankt für die Zucchini aus dem Kompostbeet, die wir ihr vor die Tür legen in der Hochsaison.

Robs erste Lebensäußerung nach dem Aufwachen: Niesen. Heuschnupfen. Gräser, Bäume, irgendetwas blüht immer, sogar in der Stadt.

Erika ist aufgestanden. Ich höre die Dielen quietschen, die Klotür. Ihr erster Gang morgens, manchmal auch schon nachts.

»Ich geh zu *Wetten, dass..?*«, sagt Rob in sein Taschentuch. »Alle Bewohner der Drübkestraße 13 erkennen an ihrem individuellen Pinkeljingle.«

Jetzt im Mai würden sie ihn gar nicht nehmen beim Fernsehen. Pollenflug, Robs Augen sehen verheult aus. Keinem würde das Grübchen an seinem Kinn auffallen, kreisrund, eine Aufforderung zum Kuss.

»Später«, sagt Rob und dreht sich weg. Ich bin mir gar nicht sicher, ob er recht hat mit Erika. Das Pinkeln könnte auch von zwei unter uns gewesen sein, der alte Dittrich.

7:30 Uhr. Gleich wenn Erika fertig ist auf dem Klo, sollte es wirklich sie gewesen sein, wird sie auf den Balkon gehen für die erste Zigarette; wir riechen das hier oben, den Rauch, kennen alle Rituale.

Im Haus hat jeder einen Balkon, sogar die Dittrichs und Fred unten im Halbparterre. Nur Sibel und wir nicht, die Dachbewohner. Aber ich habe bei uns die Wände unter den Schrägen gestrichen, Birkenblattgrün. Rob weiß die RAL-Nummer. Seither sind die Grenzen zwischen drinnen und draußen verwischt. Wohnen wie im Baumhaus.

Rob hat die Bettdecke über den Kopf gezogen. Wenn ich einen Kaffee brauche, muss ich ihn mir selber machen.

Kann man sich meinen Schock in der Küche vorstellen? Wenn man ganz oben wohnt, winkt einem doch sonst nie jemand durchs Fenster zu! Und jetzt: unsere Kirsche behangen wie ein Weihnachtsbaum, Gurte, Karabiner, Seile und mittendrin ein winkender Mann; hockt wie ein abgestürzter Fallschirmspringer auf einem Ast mit einem grellgelben Muscleshirt und einem Helm in Blau. Als er an seinem dünnen Seil zieht, erscheint im Küchenfenster eine Kettensäge. Wir heulen gleichzeitig auf, die Säge und ich. Ich reiße das Fenster auf, schreie. Der Kerl in der Kirsche hört mich nicht. Weiß wirbelt ihm um den Kopf. Blütenrausch. Unsere Kirsche feiert ihr eigenes Ende mit einer Konfettibombe.

7:37 Uhr. »Rob!«, schreie ich gegen den Lärm. »Rob, die Kirsche!«

Diese morbide Party muss gestoppt werden!

Rob schlurft aus dem Schlafzimmer, fast blind mit den verquollenen Augen. »Bäumefällen nach März ist verboten«, sagt er, niest und bewegt sich weiter Richtung Bad. »Es sei denn: Gefahr in Verzug!«, ruft er durch die Tür.

Ich werfe den Wollmantel über, der im Mai natürlich längst in den Keller gehörte, wäre der nicht ein Vorkriegskeller. Runkelrübengeruch, Kartoffelmiete, egal wie lange her. Einen Bademantel habe ich nicht.

Obwohl ich vorsichtig war und weiß, welche Stufen knarzen, wartet die Dittrich im Parterre. Die Frau hat Ohren wie ein Luchs, wenn sie will, selektive Schwerhörigkeit. Sie sieht aus wie Zsa Zsa Gabor, Fred hat mich draufgebracht, er hatte mal alle Filme auf Videokassette.

»Endlich kommt der alte Baum weg! Die Schweinerei immer auf dem Balkon! Dieser Dreck!«, sagt sie, Triumph in der Stimme. »Gell, jetzt würdste dich dranketten wollen, Doris, wie die Langhaarigen beim Atomtransport! Oder Startbahn West! Was das den Steuerzahler kostet!«

Doris, Doris, immer nennt sie mich Doris. Das kann einen auf die Palme bringen, der falsche Name jedes Mal. Ich habe es aufgegeben, sie zu korrigieren.

Die Dittrich trägt einen Morgenrock, Velours, pink, und auf dem Kopf eine Duschhaube. Sie ist 82, und keiner hat ihre echten Haare je gesehen. Fred und mich hat sie mal in ihr Schlafzimmer geführt. Frisurenrevue. Ein ganzes Sideboard voller Mannequinköpfe, alle erdenklichen Rottöne, Perücken für jeden Anlass, jede Stimmung.

Freds Kommentar: »*Holy shit, it's fucking scalps*!« Als Teenager hat er Freiwilligendienst im Tigua Indian Reservation geleistet. Fred hat sich sofort bei der Dittrich entschuldigt fürs Fluchen, dabei ist sie zu alt für Englisch. Sowieso findet sie alles charmant, was er sagt, seinen Akzent. Schon wie er ihren Namen ausspricht, Lore Dittrik, weil er kein »ch« kann. Dittrik, Dittrik. Immerhin: Nicht so falsch wie Doris.

»Der Baum war alt«, sagt die Dittrich und stemmt die Hände in die Hüften, »morsch!« Sie lächelt, als hätte sie das Rezept für die ewige Jugend, als wäre es ein Wettstreit, das Leben. Irgendein Konkurrenzding zwischen ihr und der Welt. Auf ihrem Balkon hat sie Kunstrasen ausgerollt.

Ich lasse sie stehen. Soll sie doch mit ihrem Mann einen Schampus köpfen, eine Flasche Apfelwein, wieder einen überlebt, und wenn es nur ein Baum war! Alle im Haus wissen genau, unsauberes Spiel, gerade mit der Kirsche. Vor zwei Jahren hat sie schon mal nachgeholfen. Die Herrmann von nebenan aus der 11 hat sie erwischt, wie sie einen rostigen Nagel in die Rinde gehauen hat.

Hinten im Garten liegen Äste auf dem Gras wie nach einem Orkan. Zweige und Kirschblüten. Überall weiß, Blütenblattschnee. Zwei Männer in Shorts und kurzen Hemden haben ihre Helme in den Nacken gelegt, blinzeln hoch zum Kollegen mit der Säge.

»Stopp!«, brüllt der kleinere und fährt, ohne den Blick vom Baum zu nehmen, seinen ausgestreckten Arm aus, versperrt mir den Weg, gerade als ein weiterer Ast auf den moosigen Rasen kracht und liegen bleibt wie ein amputierter Arm oder ein Bein.

»Krank«, sagt der große Mann in meine Richtung, »der Baum war krank.«

Der kleinere nickt. »Kernfäule. Standsicherheit nicht länger gewährleistet. Mit anderen Worten: Gefahr in Verzug.«

Profis. Wissen genau, was sie sagen müssen. Für die bin ich wahrscheinlich eine Type. Neurotische Frau, Thirtysomething mit ungeordneten mausbraunen Locken in Schlafshirt und Wollmantel, kann kaum das Heulen unterdrücken.

Dabei hören sie noch nicht einmal die Stimme in meinem Kopf. Zarah Leander. Voller Inbrunst singt sie über dem Jaulen der Motorsäge: *Nur nicht aus Liebe weinen, es gibt auf Erden nicht nur den einen …* Warum sie? Woher kommt Zarah Leander, ausgerechnet jetzt? Manchmal verstehe ich meine eigenen Soundtracks nicht. Machen alles noch schlimmer, und ich höre gar nicht, wie Fred kommt; plötzlich steht er neben mir, zwei Drinks in der Hand. Cognac, und es ist noch nicht mal acht Uhr. Er reicht mir ein Glas und nestelt ein Päckchen Zigaretten aus seiner Brusttasche, Karohemd, wie immer, nur eben an einem Tag wie heute total daneben, so ein Holzfällerhemd, aber ich sage nichts. Wir lassen die Gläser klonken, schweigend, während die Baumleute unsere Kirsche abschlachten. Einfach weggehen schaffen wir nicht, wie gebannt ziehen wir uns das Spektakel rein.

Gegen halb neun kommt Rob, rettet uns, Fred und mich, nicht den Baum; für den ist es zu spät. Rob hat gepackt, Picknick im Park. Sandwiches, Äpfel, Tee, Zeitungen. Er hat sogar an Klamotten für mich gedacht, mein Handy, damit wir gleich loskönnen, den ganzen Tag wegbleiben. Ich schreibe im Gehen eine Nachricht an Zoé, die früher über Fred wohnte, bevor sie rausgezogen ist aufs Land, Anfang des Jahres. Ihre Tochter hat als Baby im Stubenwagen unter den Kirschzweigen Mittagsschlaf gehalten. Zoé hat sich deswegen sogar Kirschblüten aufs Handgelenk tätowieren lassen, ganz zarte Farben. Sie wird empört sein.

Pling! Müsst eben auch rausziehen ins Grüne, schreibt sie zurück.

Wir liegen im Gras, lesen, füllen Sudokus aus, schauen den pakistanischen Cricket-Spielern in ihren weißen Trikots zu. Rob mag vor allem die Fußballclubs auf der großen Wiese in der Mitte des Parks. Noch vor zwölf rauchen die ersten Grills. Fred auch, mindestens ein Päckchen. HBs. Crrrazy, Frrred aus Texas rrraucht Hitlerrrs Best. Neben uns essen vielköpfige Familien zwischen wachsenden Bergen aus Einweggeschirr. Als alle Kreuzworträtsel gelöst sind, holt Fred vom Kiosk für uns Kaffee und Kuchen. Vierzehn Uhr, und Bier war schon aus. Wir dösen ein bisschen, dann ziehen wir unsere Decke in den Schatten. Am Spätnachmittag ist samstags unter den Bäumen am Teich immer Tai-Chi.

Zurück in der Drübkestraße, steht die Dittrich schon am Gartentörchen, um uns abzufangen; erst denk ich: noch ein kranker Baum. Aber dann ist es Erika – tot. Einfach so. Gestorben in ihrem Bett direkt unter unserem.

»Exitus zirka 7:30 Uhr«, sagt die Dittrich, »Aneurysma, meint der Notarzt.« Das Strasssteinchen auf ihrem Schneidezahn funkelt. Die Frau ist zweiundachtzig und lässt sich noch Schmuck aufbringen vom Zahnarzt. »Habt ihr denn gar nichts gehört, Doris?«, fragt sie. »Ihr schlaft doch genau obendran.«

Meine Ohren rauschen. Erika! Hat sie also gar

nicht wegen des Fluglärms gestöhnt heute Morgen oder der Katze! Stimmt der Todeszeitpunkt, hätte Rob die Pinkelwette verloren. Ich hatte ja gleich meine Zweifel.

»Siehste«, sage ich zu Rob, fast schon Tonfall von der Dittrich.

Rob und Fred stehen wie vom Blitz getroffen auf dem Gartenweg. Und langsam begreife auch ich die volle Tragweite: Tot. Für immer.

Ich kann nicht hier unten bleiben, muss weiter, hoch in die Wohnung, Baumhaus. Ich stolpere die Treppen rauf, weiche Knie; ungewohnt hell ist es ohne die Kirschzweige vor der Luke im Dach. Jemand müsste mal Kehrwoche machen, der Staub flirrt dick im Abendlicht, in den Ecken sammeln sich Flocken, Mäuse, Knäuel. Von Erikas Tür sind es noch zwölf Stufen zu uns.

Werde ich den Baum mehr vermissen als sie?

Oben werfe ich mich auf die Couch, vergrabe das Gesicht im Kissen. 18:37 Uhr. Ein Flugzeug donnert übers Dach, fliegt viel zu tief, dem Klang nach. Die Tränen kommen schnell. Erika. Der Baum. In dieser Reihenfolge.

PUSTEBLUME

Jetzt fliegen nur wenige Hornissen; später, wenn es wärmer wird, sind es mehr. Ich zähle sie vom Bett aus, nebenbei, während ich mit dem Mann vom Umweltamt telefoniere. Das Einflugloch ist direkt neben unserem Schlafzimmerfenster.

Gerade schwärmt Nummer 7 aus.

Zunächst hatte das Geräusch uns alarmiert, Rob und mich. Ein Mahlen, Knarzen. Holzwurm, dachten wir erst, dann sogar an Erika. Paradox. Seit sie unter uns gestorben ist Ende Mai, ist sie präsenter in unserem Leben als zuvor. Immer wieder fällt sie mir ein. Ich versuche dann, mir ihre Einsamkeit nicht allzu genau auszumalen, mitten in der Stadt, in unserem Haus. Sie wollte beim Gärtnern nie mitmachen.

Kurz hatten Rob und ich wegen des Knarzens auch den Marder in Verdacht, wobei das eine untypische Art der Äußerung für ihn wäre. Er poltert nachts über unseren Köpfen den Dachboden entlang, kreischt wie ein Blindgänger zu Silvester; immer wieder gibt es Revierstreitigkeiten mit seinem Artgenossen von der 11 nebenan. Unsere Seite der Drübkestraße ist über Keller und Dächer miteinander verbunden, alle ungeraden Hausnummern, vom Krieg noch, damit man sich bei einem Bombentreffer ins Nachbarhaus retten konnte.

Am anderen Ende der Leitung referiert der Mann vom Umweltamt über die Hornisse und ihre Biologie. Es ist stickig im Schlafzimmer, aber das Fenster öffnen möchte ich nicht. Wir lüften über die Tür, seit ich das erste Tier entdeckt habe. Vorgestern war das. Zu groß für eine Wespe, die Streifen zu hell. Erst hofften wir noch auf einen Einzelfall. Seit gestern ist klar: ein Nest. Hatte bislang Erikas Katze – ihr Geruch möglicherweise – die Hornissen vom Nestbau abgehalten, diffuse Abschreckungslage? Vielleicht hätten wir die Katze aufnehmen sollen? Fred hat sie zu René gebracht. Eine mehr oder weniger. Besser als Tierheim.

Wir haben kaum geschlafen, Rob und ich, nach unserer Entdeckung. Früher, daran erinnere ich mich genau, hieß es immer: tot, praktisch sofort. Ein einziger Hornissenstich. Rob kennt das auch so. Wir sind beide in Süddeutschland aufgewachsen, Doppelhaushälften in der Provinz. Ähnliche Kindheit, ähnliche Traumata. Wobei in Texas offenbar die schlimmeren Horrorgeschichten über Hornissen kursieren. Fred wollte uns sofort ein Matratzenlager einrichten, als er von den neuen Mitbewohnern hörte.

»Sie stellen die papierähnliche Substanz für ihre Nester selber her!« Der Mann vom Amt in voller Fahrt. »Aus Holz!« Er brüllt vor Begeisterung. »Holz!« Ich muss den Hörer ein Stück weghalten von meinem Ohr.

Obwohl sie gerade ausschwärmen und für den Augenblick kein Material von unseren Dachbalken herunterraspeln mit ihren knarzenden Riesenkiefern, stellen sich mir die Nackenhaare auf; Geräuschflashbacks gehen unter die Haut, wenn sie mit einem Gefühl der Bedrohung verknüpft sind, Kinderängsten, die einem noch in den Zellen stecken. Da kann sich draußen noch so schön die Sonne in den Fenstern der Stadthäuser spiegeln.

Ich möchte schreien.

Der Umweltexperte will gar nicht mehr aufhören mit den Nestern. Von Schönheit ist die Rede, Architektur. Fehlt noch: Gottesbeweis. Dabei hatte ich nur nach einem Insektizid gefragt. Am besten bio, unschädlich für uns.

Als ich endlich wieder zum Zug komme, gebe ich die Geschichte von Fred wieder, genauso erlebt vom Cousin seines Schulfreunds. Ausgangspunkt auch dort: ein Nest im Dach, nur eben zum Bad hin. Friedliche Koexistenz, bis sich eines Morgens –

der Cousin mit Seife in den Augen und nackt – die Hornissen durch die Wand ins Bad gefressen haben. Attacke, Notarzt, künstliches Koma. Einfach so! Morgens im Bad!

Könnte ein Hornissenstich nicht auch ein Aneurysma zum Platzen bringen, laienhaft gefragt?

Husten, Lachen am anderen Ende des Telefons. »Köstlich!«, sagt der Mann, als er wieder Luft kriegt. »Folklore! Die Killerhornisse – urbane Legende. Man hat Ihnen als Kind sicher auch eingeschärft, Löwenzahn sei giftig?«

Woher kennt dieser Mann mich so genau? Nicht mal Rob habe ich davon erzählt, meiner Angst als Kind vor Pusteblumen. Die Männerstimme sagt: »Mütterpropaganda. Schwarze Pädagogik. Alles nur wegen der Kleidung. Die Milch geht schlecht rauszuwaschen, gibt hässliche Flecken.«

Mein Mund ist trocken. »Wie?«, rufe ich. »Meine Kinderseele, dem Weißen Riesen geopfert?«

Wieder lacht der Mann. »Genau! Schauen Sie doch mal morgens in die Parks: die jungen Leute sind heute wie wild auf Löwenzahn, Blätter für Smoothies, Blüten für Sirup. Honigersatz, 100 %ig vegan. Höchste Zeit, auch in puncto Hornissen erwachsen zu werden. Kein Deut schlimmer als ein Wespenstich, so eine Hornisse. Kein Grund jedenfalls, mit C-Waffen aufzurüsten.«

Stellt sich raus: C-Waffen dürfen wir auch gar

nicht. Keinerlei Chemie, bio oder nicht. Hornissen sind offenbar gefährdeter als Rob und ich. Stehen sogar unter Naturschutz, im Gegensatz zu uns. Wir sollen Fenstergitter anbringen.

»Vielleicht«, sage ich, als ich Rob und Fred beim Gießen abends vom Löwenzahn erzähle, »vielleicht sollten wir es auch mal versuchen. Vegan.«

Seit Erika tot ist, denke ich viel über das Leben nach, das Sterben. Vergänglichkeit. Fleisch.

Fred rollt mit den Augen. »*Not that vegan shit*!«

»Klingst wie Pippa, Doro«, sagt Rob. »Die versucht seit Jahren, mich zu missionieren. Jede Familienfeier. Hat übrigens geschrieben, Pippa. Aus dem Urlaub.« Er kramt sein Handy raus. »Vergiss den Garten. Myanmar – das ist Eden, Baby, hier und jetzt!«

Fred pflückt die erste reife Tomate dieses Jahres. Eine kleine, von der schwarz-rot gemaserten Sorte, früh dran. Er reicht sie mir, ich stecke sie in den Mund.

»Auch ein Lebewesen«, sagt Fred, ein Netz aus Lachfalten um die Augen.

»Das Sterben«, sagt Rob, der manchmal klingt wie seine Oma, »gehört zum Erwachsenwerden dazu. Grundvoraussetzung quasi.«

Aber als wir dann bei uns oben die Fliegengitter an die Fenster kleben, schwarze Gaze, Rob und ich, willigt er ein, es doch zu versuchen. Löwenzahn, vegan, wo die Hornissen nun schon mal da sind.

SCHNECKENLESE

Sibel zeigt ihre Unterarme. Kratzer, blutige Streifen bis rauf zu den Ellbogen.

»Wir haben gestritten.« Sie verzieht den Mund. Weiße Zahnreihen. Ein Halblächeln.

Die Sonne knallt in unsere Gesichter, obwohl es schon nach sechs ist. Der erste heiße Tag. Besser zweimal gießen heute als einmal. Das Projekt braucht uns. *Urban Garden*, Drübkestraße 13. Unser Gemeinschaftsbaby.

Direkt an der Wand, das vorgezogene Dach ein Schutz vor dem Starkregen, der nicht kommen will, haben wir Aromatomaten gepflanzt und neben den Aufgang zur Tür ein Feigenbäumchen. Winterhart, hieß es in der Gärtnerei.

Rob schleppt volle Gießkannen aus dem Keller rauf, immer zwei, rechts und links, um nicht krumm zu werden.

Seit Sibels neuer Nase streiten Zeus und sie noch häufiger. Von wegen Höcker weg, und das Leben läuft glatt. Manchmal hat man ja fixe Ideen, kann an nichts anderes mehr denken: rote Schuhe, ein schnellerer Rechner, Schokolade. Medizinisch aber alles wie geplant. Wo die Nasenflügel schmaler gesetzt wurden, europäischer, sieht man noch zwei feine Narben. Sieht jetzt aus wie Miley Cyrus, Sibel, nur dunkles Haar. Blaue Augen hatte sie schon. Türkin wollt ihr die Dittrich erst gar nicht abnehmen, kennt wohl Atatürk nicht, die alte Schachtel.

Sibels Eltern wissen nichts von der OP, sind den Sommer über immer in Anatolien, wo die Mutter im Schneidersitz auf gestampften roten Boden Aprikosenhälften zum Trocknen auslegt. Sibel hat uns Bilder gezeigt auf dem Smartphone. Das Haus der Großeltern, die Keramikfliesen, der Berg mit Schnee auf dem Gipfel, auch im Juli und August. Wenn die Eltern im Herbst wieder im Land sind und zu Besuch kommen, muss Zeus verschwinden. Sich einen Tag lang in Luft auflösen. Ausgerechnet ein Grieche. Rasierer, Boxershorts, Motherboards – puff! Sibels Mutter ist Analphabetin, Spuren lesen aber kann sie.

Links neben dem Weg, zur Nr. 11 hin, die Kräuterspirale. Freds Dauer-Lover René hat sie angelegt. Er hat an seiner Wohnung zwei Balkons, grüne Hölle, aber keinen Garten, Boden, lebt seine Ambitionen bei uns aus. Naturstein, zwölf Sorten Basilikum, Currykraut, mexikanischer Cilantro,

Ananassalbei, Zitronenthymian. Es duftet nach feiner Suppe, wenn man an unserem Haus vorbeigeht. Fred und René haben den Gneis mitgebracht von einem Steinbruch, einfach den Kofferraum vollgeladen bei einer Spritztour mit Freds Mustang, weil die Steine so schön aussahen. Südländisch. Fred hat ein ziemlich breites Kreuz. Ein Bär von einem Mann. Die Dittrichs aus dem Parterre schimpfen über das Geröll, die Tomaten. Gemüse *vor* dem Haus! Wir haben ihnen einen Teil Rosen gelassen, Lavendel dazwischengepflanzt. Gut gegen Blattläuse. Weniger spießig auch.

An einem Tag wie heute wären Rob und ich früher am Fluss liegen geblieben bis in die Nacht; jetzt gehen wir heim. Fred ist im Urlaub, und Sibel und Zeus kriegen es nicht auf die Reihe mit dem Gießen.

Wer weiß, wie lang sie schon gestritten haben, oben in der Wohnung. Im Winter, wenn wir drinnen sind, hören wir jedes Wort, die Wand zwischen unseren Wohnzimmern ist dünn. Pergamentpapier. Verstärkt Stimmen noch, statt zu dämpfen. Eine Membran, osmotischer Austausch zwischen den Zellräumen. Das Leben lässt sich nicht sauber einhausen.

Als wir nachts das erste Mal die kleine Spieluhr an die Tapete hielten und kurbelten, erschraken wir selbst über die Lautstärke, mit der *Die Internationale* plötzlich über die Wand wummerte. Nur kleine Erhebungen auf dem Metalltrömmelchen, kurze, flache Stahlstifte zum Abtasten. *Völker, hört die Signale …*

Sex und Streit. Wenn man am nächsten Tag früh rausmuss, sagt Rob, nervt beides.

»Ich hab den Ring aus dem Fenster geworfen«, sagt Sibel und steckt sich eine Zigarette in den Mund. Sie schaut Fred an wegen des Feuers. Der schüttelt den Kopf. »Nichtraucher«, sagt er, fast verlegen, »seit gestern.«

Zeus hockt zwischen den Rosenstauden auf runtergetretenen Espadrilles, schiebt mit beiden Händen den Lavendel zur Seite. »Weißgold«, brüllt er Richtung Boden, ein wütender Pan, »Weißgold!« Sein Gesicht verschwindet hinter dunklen Locken.

Sibel streicht sich mit dem Zeigefinger über den Unterarm. Die Haut um die Kratzer ist rot, geschwollen, gleiche Farbe wie ihre Lippen. »Scheißdornen …«, sagt sie.

»Man findet nix in dem Gestrüpp. Gar nix!« Zeus richtet sich auf, Augen lodernd, wild. »Rosen in einem Urban Garden!« Er tastet seine Hose ab, findet ein Zippo, gibt Sibel Feuer. Dann stutzt er, bückt sich, fährt mit der Hand unter eine Dornenranke. Kein Verlobungsring. Etwas Fleischfarbenes. Plastik.

Rob stellt neue Gießkannen neben uns ab. »Das ist das Hörgerät vom Dittrich.« Rob hat mal in einem Pflegeheim gejobbt vor dem Studium, weiß, wie so was aussieht aus der Nähe.

Sibel schnaubt Rauch aus der neuen Nase. »Scheiße, sag ihm bloß nicht, dass wir es gefunden haben. Sonst denkt er nur wieder, wir hätten es geklaut, Zeus und ich.«

Zeus hält das Plastikding zwischen zwei Fingern wie eine tote Nacktschnecke. »Was macht das hier zwischen den Rosen?«

Rob schiebt sich die staubige Cap in den Nacken. Wenn er grinst, sieht man seine Schneidezähne, eine Spur schief, die eine Ecke ein winziges Stück über der anderen, viel sexyer als kieferorthopädisch korrekt.

»Der Dittrich hat es rausgeschmissen«, sagt er. »Letzte Woche. Keinen Bock mehr auf hundert Jahre die gleichen Geschichten von seiner Frau. Er hat noch danach gesucht am nächsten Tag und es dann aufgegeben. Seither hab ich ihn nicht gesehen.«

Sibel wirft die angerauchte Kippe in die Rosen. »Ihr Nordeuropäer. Immer passiv-aggressiv. *Szenen einer Ehe*. Ingrid Bergman.«

»Ing*mar* Bergman!« Wie im Chor, Rob und ich, als hätten wir es einstudiert.

»Eben«, sagt Sibel. Zeus schlingt seinen Arm um sie und sie um ihn. Sie küssen sich, als wär nie was gewesen, und Rob und ich, wir machen weiter mit dem Garten, den Kräutern.

ÖRLI BÖRDS

Rob leuchtet aus dem Schlafzimmerfenster raus in den dunklen Hinterhof; nicht die einzige Taschenlampe, nachts um zwei. Glühwürmchen, könnte man meinen, die in Schwärmen zwischen den Bäumen tanzen, Irrlichter.

Die Waldohreulen brüten das erste Mal hier. *Asio otus*. Vier, fünf, sechs Küken; keiner weiß, wie viele tatsächlich geschlüpft sind. Sie halten die gesamte Nachbarschaft wach. Ein Heulen wie Menschenbabys. Der ganze Block ist von der Brut betroffen, einundzwanzig Gärten, alle nach hinten raus.

»Aufhören, *bitte*!«, fleht ein Nachbar. »Ich hab ein Vorstellungsgespräch morgen um halb neun. Bitte, *bitte,* aufhören!«

Rob stöhnt. »Jetzt ein Hörgerät«, sagt er. »Einfach rauswerfen, das Ding.«

»*Se örli börd kätches se wörm!*«, schreit von weiter weg eine Frauenstimme. Verzweiflung klingt mit in ihrem Lachen, auch ein bisschen Irrsinn.

»Vielleicht ist sie schwanger«, sage ich zu Rob, der sich aus dem Fenster lehnt, um besser zu sehen. Ich gähne und strecke mich. »Sibel, meine ich.«

Keine Antwort von Rob.

»Warum«, frage ich, »würde sie sonst plötzlich zu Zeus ziehen wollen? Alles doch wie immer. Nicht weniger Streit jedenfalls.«

Wir teilen das Wohnzimmer mit Sibel, Rob und ich; eigentlich sind es zwei Räume, zwei Wohnungen, aber die dürftige Wand dazwischen ist nur dazu da, die Bühne von den Zuschauerrängen zu trennen. Klare Rollen, große Oper: Zeus macht den Basso continuo, Sibel die Koloraturen. Und Rob und ich immer hautnah dabei, epische Streitereien im Dauerabo. Wir haben keinen Einfluss auf die Programmauswahl.

Natürlich feiern wir gern die Vielfalt, zelebrieren das Leben in allen Facetten, das urbane Biotop. Erst neulich ist Rob sogar zur Kleintierhilfe gefahren mit einer verletzten Amsel in einem Schuhkarton, Löcher im Deckel. Wir mögen Vögel; vorletzten Sommer haben wir uns ein Bestimmungsbuch zugelegt, das ganze Haus zusammen, aus der Gartenkasse. Es liegt auf dem Hocker neben der Hintertür, für alle zugänglich. Drei Spechtarten haben wir bisher gezählt bei uns: Schwarzspecht, Buntspecht, Grünspecht. Was kopfüber am Stamm der Birken klettert, ist der Kleiber. Und in der Hecke hinterm Kompost hat letztes Frühjahr eine Mönchgrasmücke ein kunstvolles Nest gebaut. Es lebe die Großstadt! Pflanzen, Menschen, Wildtiere. Es hat nie Probleme mit dem Nebeneinander gegeben.

Wenn Sibel jetzt wirklich ernst macht und wegzieht aus der Drübkestraße, will sie sicher ihren Anteil an den Gartensachen zurück. Geräte, Saatgut, Einweckgläser. Das Vogelbuch. Über die Abnutzung müssen wir reden; gefühlsmäßig hat sie nicht viel investiert in unseren Urban Garden, von uns allen hängt sie am wenigsten an dem Projekt. Meistens steht sie doch nur dabei und raucht, wenn wir jäten oder gießen. Schmeißt ihre Kippen in die Beete, obwohl das fürs Grundwasser schlecht ist, sie weiß das genau. Ich habe es ihr gesagt. Mehrfach.

»Eine Steinschleuder! Ich brauche eine Steinschleuder!«, donnert es durch die Nacht, gefolgt von einer Salve türkischer Flüche.

»Hoffentlich ziehen sie bald aus!« Rob lässt die Taschenlampe über den Baumwipfeln kreisen.

»Sie hat mir den Rechner gerettet heute«, sage ich.

»Ich meine die Waldohreulen«, sagt Rob.

»Ah«, sage ich. Und nach einer Pause: »Heute war übrigens einer da, Erikas Wohnung anschauen.«

Selbst wenn Sibel wirklich geht: Auf dem Briefkasten, an der Klingel wird sie bei uns wohnen bleiben, schließlich hat sie aus dem Stress mit ihrer Schwester gelernt! Aynur hatten die Eltern letztes Jahr unangekündigt jemanden vorbeigeschickt, eine Tante, die nicht die Nichte, nur ein fremdes Namensschild an der Tür fand. Riesenkrach, monatelang, dabei war Aynurs Freund sogar Türke, kein Grieche wie Zeus. Ausgerechnet.

Giorgos, Zeus' Vater, ist in den Siebzigern als Pelznäher nach Deutschland gekommen, aus Kastoria, einem Kürschner- und Rauchwarenhändlerdorf im Nordwesten von Griechenland. Manchmal spielt er Skat mit uns im Garten. Dann haut er Sätze raus wie »Pelze werden immer mit dem Strich zugeschnitten. Immer!«. Die gleiche Götterstimme wie Zeus. Direkt vom Olymp. Keine Widerrede.

Soll nicht heißen – Klischee, Vorurteil –, es sei nur bei den Südeuropäern so, mit den Eltern, Vätern vor allem. Robs Vater weiß auch ganz genau, wie wir leben sollen. Auf keinen Fall in der Großstadt, wilde Ehe im Moloch, sondern draußen, wie sie, in der Provinz. Einfamilienhaus. Vertraglich geregelter Ehering. Carport. Näher an der Natur, nennt er das.

Den ersten Eichelhäher meines Lebens habe ich nicht im Vorort gesehen, sondern in der Großstadt, vor zwei Jahren erst, frisch Thirtysomething, hier bei uns im Hinterhof. Von wegen »Warner des Waldes«. Saß auf einem Tannenzweig, der Vogel, hinten zur 11 hin. Aufgeplustert, linkisch in seiner gedrungenen Gestalt, nix Aerodynamik, vor allem der große Kopf, aber Flugzeuge sehen ja auch nicht aus, als könnten sie sich in der Luft halten.

Ich rief Robs Vater an, der statt Banker eigentlich ein Biologe werden wollte. Durchs Telefon habe ich den Ruf imitiert, die Federn beschrieben.

»Blau-schwarz gebänderte Außenfahne im Bereich von Fittich, Handdecken und Armdecken, sagst du?«

»Genau«, sagte ich.

»Weißer Bürzel?«

»Mhm.«

»Eichelhäher«, sagte er. »Führen eine monogame Saisonehe. Ziehen in der Regel nur eine Jahresbrut auf?«

Aufsteigende Satzmelodie. Bei Robs Vater ein Alarmsignal: auflegen, sonst Kreuzverhör in Sachen Familienplanung. Enkelkinder hier, Enkelkinder da, fehlt nur, dass er fragt, ob wir ausreichend oft Sex haben, Rob und ich, und zum richtigen Zeitpunkt.

Für einen Mann seiner Generation zeigt er erschreckend wenig Distanz in diesen Dingen. Aber seit wir das Bestimmungsbuch haben, rufen wir kaum mehr an wegen Vögeln.

»Chwäää!«, ruft es von draußen.

Rob schließt das Fenster, legt die Taschenlampe weg. Sein Rücken schimmert hell in der Dunkelheit.

Und dann ist es wohl auch ein Ruf der Natur, wenn ich in der ersten warmen Nacht des Jahres, obwohl ich gar nicht damit rechne, eigentlich genervt bin, plötzlich überrumpelt werde von meinem Köper, der Lust auf Paarung. Meiner eigenen und Robs. Gleichzeitig.

Gähnend sitzen wir am nächsten Abend nach dem Gießen ums Feuer, Fred, Sibel, Zeus, Rob und ich, lassen das goldene Julilicht einsickern, die Ruhe. Die Dittrich und ihr Mann sind weg, Benno besuchen, ihren Sohn, der in Baden-Baden ein Floristikfachgeschäft betreibt. Blumenboutique Desirée.

Die Waldohreulen schlafen noch. Sibel und Zeus rauchen. Schwanger ist Sibel wohl nicht. Oder unverantwortlich. Nikotinjunkie.

»Fleisch?«, fragt Fred und zeigt auf den Grill.

»Veggi-Burger«, sagt Rob, ohne vom Rost aufzusehen. Er wendet unsere Bratlinge mit der neuen Grillzange, heute erst gekauft. Seit wir vegan sind, hat er davon geredet, eine eigene besorgen zu wollen.

Normalerweise hätte Fred sofort angebissen. Jede Gelegenheit, die Fleischdebatte wiederzukäuen. Fred ist mein bester Freund, aber mit ihm über Fleisch zu reden, fruchtet nicht. Texas, *The Cattle State*. Das schüttelt man ein Leben lang nicht ab.

Zeus fährt sich durch die dunklen Locken. »Meine Augenlider fühlen sich *sandig* an von innen! Sandig!«

»Würdest du mal deine Wohnung entrümpeln«, sagt Sibel, ohne die Zigarette aus ihrem Mund zu nehmen, »könnten wir ja auch bei dir schlafen! Da hört man wenigstens nur den Verkehr.« Sie lässt Rauch aus ihrer neuen Nase strömen, hustet, weil das noch ungewohnt ist.

Fred hängt an ihren Lippen. Nicht die Worte, die wippende Kippe. Zwei Wochen Nichtraucher. Da liegen die Nerven blank, auch ohne gestörten Schlaf.

»Ich habe heute Kaffee über meinen Laptop geschüttet«, sagt er schließlich, hebt seine Hände, damit wir sehen können, wie sie zittern. »Müdigkeit!«

Nach dem Unfall mit dem Kaffee, gegen zehn Uhr muss das gewesen sein, hat er sich von mir die Durchwahl vom Umweltamt geben lassen. Der Mann, mit dem ich wegen der Hornissen gesprochen hatte. Fred aus Texas ruft wegen *näktlige* Ruhestörung bei der Stadt an, einer Behörde! Das muss man sich mal reinziehen, ein Texaner, wo das Misstrauen Autoritäten und der Staatsgewalt gegenüber genetisch ist, ein Fixstern, *Lone Star* auf rotweiß gestreiftem Grund.

»Und?«, frag ich. »Was spricht das Amt?«

»Freu dich an der Natur!«, sagt Fred.

»Immer die gleiche Leier. Hauptsache, es läuft

nicht auf Arbeit raus für sie«, sagt Rob. »Kenn ich vom Bauamt.« Das Muttermal an seiner Oberlippe sieht aus wie ein winziges Käferchen. Ich würde aufstehen und es küssen, wäre ich nicht zu müde.

»Aktenschieber! Alles weltfremde Aktenschieber! Keinen Tag würden die aushalten in einem modernen Unternehmen. Keinen!«, sagt Zeus und nimmt einen wütenden Schluck Bier. Die Flasche ploppt, als er sie wieder abnimmt.

»Als wären wir nicht auch Natur«, sagt Sibel, reibt sich vorsichtig die Nasenwurzel, wo sie noch leicht geschwollen, sicherlich druckempfindlich ist. »Als hätten wir nicht auch schützenswerte, arttypische Bedürfnisse! Schlaf zum Beispiel.«

Sibel ist eine kluge Frau. Vom Gärtnern keine Ahnung aber Computer zum Beispiel kann sie. Die Rettung für meine Übersetzung. Festplattencrash, und ich hatte wochenlang keine Sicherung mehr gezogen. Von Sibel weiß ich außerdem, wie man Beine mit Heißwachs enthaart, gefüllte Weinblätter/Joints dreht mit nur einer Hand. Und als ich die Krise hatte vor ein paar Wochen, weil ich dachte: schwanger, scheiße, viel zu früh für alle Pläne, auch eine Art Crash, etliche Finanzierungszusagen aus meinem Crowdfunding-Aufruf gerade in der Tasche, ein eigenes Romanprojekt, noch nicht näher benannt, aber eben mal nicht Krimi, nicht das Werk anderer, da hat Sibel mich an ihrer Schulter heulen lassen, hat sich mein Will-ich-doch?, Will-ich-wirklich-nicht? angehört, ohne was zu sagen. Nur gefüttert hat sie mich; wilde Aprikosen, von ihrer Mutter, an der Sonne getrocknet. Und als ich dann doch meine Tage kriegte, hat sie mir eine Bloody Mary rübergebracht.

Auch mit großer Nase war Sibel schon wunderschön. Langes Haar, dunkel und schwer. Die blauen Augen.

»Der Mann von der Stadt hat gesagt: In zwei Wochen sind sie *flugge«*, sagt Fred.

Ich werde sie vermissen. Sibel, nicht die Eulen.

MAUSEN

Freds Katze hat eine Maus gefangen. Hinten bei dem zerfallenen Mäuerchen, wo die Sauerkraut-eimer mit Schnittlauch stehen. Die Maus zappelt noch in Paulas Maul. Die Katze beißt einfach nicht richtig zu. Nicht mal das kriegt sie hin. Dieser winzige Körper zwischen ihren Zähnen, fremdes Fell!

Wir wollten gerade essen.

Wie ein Schnappschuss mit Blitz sitzen wir um den Gartentisch, Gruppenfoto unter Schock. Aufgerissene Augen. Unglaube. Ekel. Andere Katzen bringen oft Mäuse, für Paula ist es die Premiere. Sie ist total überzüchtet. Keine Nase, null Instinkt; sie jagt sonst nie, dafür ist sie auch zu dick; nicht einmal ein schönes Fell hat sie. Natürlich sagt das so keiner, schon gar nicht heute. Fred hat Geburtstag, fünfundvierzig. Hart genug.

Er ist der Erste, der sich bewegt, schiebt sich ein Stück Wurst in den Mund. »Grrrr, Paulchen, wilder Tiger!«, sagt er kauend. Er sieht zufrieden aus, wenigstens er. »Ein Geschenk! Das ist Paulchens Art, *Happy Birthday* zu sagen.« Morgens wollte er die Party noch abblasen. Anruf um halb zehn: zwölf neue Barthaare grau über Nacht, er hat ein Selfie ausgezählt, voll auf Zoom, um nicht den Rest zu sehen, *crows feet*, Tränensäcke. Fred hat ein eigenes Shampoo für seinen Bart.

René rollt mit den Augen und leert seinen Crèmant in einem Zug. Paula war mal ein Geschenk von ihm. Geburtstag, Jahrestag, jedenfalls noch bevor Fred in der Drübkestraße wohnte. René hat sie gezüchtet. Seit zehn Jahren versucht er, eine zimtfarbene Perserkatze hinzukriegen, vielleicht weil er selbst aussieht wie eine, vor allem, wenn er die Hermann-Hesse-Brille abnimmt; rötlicher Dreitagebart, ein paar weiße Stoppeln darunter, Schnurrhaare. Renés Wohnung ist voll mit den fehlgeschlagenen Zuchtversuchen, zwanzig, dreißig Tiere. René ist keiner, der schnell aufgibt.

Paula legt ihre Beute ins Gras, Fred vor die Füße. Ein Zucken der kleinen Nase; Vorderbeinchen, die versuchen, ohne den regungslosen Hinterleib davonzulaufen. Gebrochene Wirbelsäule, würde ich sagen.

Ich schaffe es nicht, meinen Blick loszureißen.

»Grrrrrr, Paula! Grrrr …!«, schnurrt Fred und streicht mit beiden Händen sein Holzfällerhemd glatt. Über unseren Köpfen weht die Schürze, die er heuer von René gekriegt hat. *I'm the Queen of Fucking Everything!*, steht drauf. René hat sie wie eine Fahne an die Wäscheleine gepinnt.

Die Maus fiept, kläglich, dünn. Sibel schüttelt sich. Zeus hält ihr seine brennende Kippe hin, Sibel zieht daran, atmet tief ein und bläst den Rauch durch die Nase, an die ich mich immer noch gewöhnen muss, wieder aus.

Der Klapptisch steht voller Essen, aber außer Fred will keiner was. Er hat alle aus dem Haus eingeladen, sogar den Neuen in Erikas Wohnung, aber der ist nicht aufgetaucht. Herbert heißt er. Rob und ich kriegen nur wenig mit von ihm, vermuten aber Allergiker wie Rob, wir hören ihn manchmal niesen. Er arbeitet in einem Labor, hat er erzählt, irgendwas mit hohem Nerd-Faktor. Merle, die zweite Partei im ersten Stock, Zoés Nachmieterin, kommt auch nicht. Sie ist mit Arnold, ihrem Sohn, an der Ostsee zur Mutter-Kind-Kur. Aber Sibel und Zeus sind da, Rob. Und die Dittrich natürlich.

Das Drama um die Maus hat sie noch gar nicht mitbekommen, weil sie schnell rein ist, in ihre Wohnung, nicht wegen ihres Mannes, der lieber drinnen sitzt, Glotze voll aufgedreht, als sich das Geglucke seiner Frau im Garten anzusehen, sondern wegen Alkohol. Sie braucht dringend Calvados zum Flambieren ihrer Ananas. Rezept aus der Fernsehzeitung. Freds Geburtstag würde sie sich nie entgehen lassen. Sie glaubt ja immer noch, sie könnte ihn umdrehen. Dritter Frühling.

Rob und ich haben Gemüsespieße und vegane Salatdressings mitgebracht, Kräuter aus dem Vorgarten. Fred sagt, ohne Grillfleisch kann er nicht leben. Ihm macht es auch nichts aus, zweimal täglich *Kaninchen in feinem Gelee* anzurichten. Dosenfutter! Allein der Gestank! Aber wenigstens ist es schon tot. Der Maus im Gras bleibt nur noch, so zu tun als ob. Ohne Option auf *fight* oder *flight* bleibt ihr von den präinstallierten Überlebensprogrammen nur noch *freeze*. Bloß dass Paula dadurch noch verrückter wird; sie will nicht glauben, dass das Spiel schon aus sein soll. Wieder und wieder stupst sie mit ausgefahrenen Tatzen ihr Opfer an, wirft es zwischen ihren Pfoten hin und her wie einen Ball.

»Uhhh!«, sagt Sibel grün um die kleinere Nase, »mir wird auch vegan ums Herz.«

»Du und dein Herz!«, ruft Zeus. »Du und dein großes Herz, du und dein großes, geräumiges Herz! Einen Tempel von einem Herzen hast du, eine Mehrzweckhalle!« Zeus' Augen sind schwarz vor Wut. »Töten müsste einer von euch Großherzigen diese arme Kreatur. Töten! *Das* wäre Liebe!«

Letzte Woche hat Sibel einen Kollegen mit nach Hause gebracht, abends. Tausendmal hat sie beteuert, öffentlich, vor Zeugen: nur um seinen Rechner neu zu installieren. Zeus unterstellt weiterhin: Festplatte plattmachen und Typen flachlegen. Von wegen Formatierung.

Rob und ich hätten sicher was gehört, wenn Zeus recht hätte.

»Ja, ja, die Katze lässt das Mausen nicht!« Die Dittrich steht auf ihrem Balkon, fließender goldener Kaftan, Festtagsperücke auf dem Kopf, wie eine Diva zum Schlussapplaus. »Gell, Fred, deine Paula! Biste stolz jetzt, was?« Ich rieche ihr *Tosca* bis hierher, ich schwöre es, über das schmorende Fleisch hinweg.

»Paula sollte ganz anders aussehen«, sagt René, seine Zunge schon schwer vom Crèmant. In den runden Gläsern seiner Brille spiegelt sich die tiefstehende Sonne. »Alle meine Katzen sollten anders aussehen!«

»Vielleicht kannst du eine an Zoé loswerden? Sie will ein Haustier anschaffen«, sage ich. »Für Emily. Jetzt, wo sie im Grünen wohnen.«

»Cleverer Schachzug, der Exnachbarin eine neurotische Katze ins Haus setzen«, sagt Rob, »wo sie plötzlich missionarisch geworden ist, Landlust, Vorort.«

René verzieht das Gesicht. »Eine Stadtkatze aufs Land? Rausreißen aus der Familie und bye-bye? Niemals! Nie! Ich liebe sie alle. Alle. So verrückt sie sind.«

»Du bist auch verrückt«, sagt Fred und wendet

unsere Gemüsespieße mit der gleichen Gabel, die er zuvor für seine blutigen Steaks benutzt hat.

»Calvados ist aus«, sagt die Dittrich, stellt eine Flasche auf den Tisch. Sie schnappt nach Luft, ganz außer Atem. Hat sich beeilt. Bloß nichts verpassen. Wenn sie will, ist sie schnell wie ein Wiesel.

Rob dreht die Flasche, studiert das verrotzte Etikett. »Melissengeist?«, sagt er. »Für Einreibungen? Belebt und erfrischt?«

»Kann man auch mit flambieren«, sagt die Dittrich, »wirste sehen. Den Calvados muss der Herr Dittrich getrunken haben, statt Eierlikör. Da stand auch nur die leere Flasche noch im Schrank. Aber dafür hab ich das Hörgerät gefunden, es war schon wieder verschwunden. Neben den Erdnüsschen lag es. Wird der Kerl langsam vergesslich, oder will er nicht mehr hören?«

Umständlich rafft sie ihren Kaftan im Schoß zusammen und setzt sich. Fred will ihr Bier einschenken. Blitzschnell, trotz der schweren Goldklunker an ihren Fingern, legt sie ihre Hand übers Glas.

»Zu Gegrilltem *nie* was anderes als Äppler, Fred!«, sagt sie und zieht ein Schnütchen. »Äppler hält den Magen fit, kennst du doch.«

»*O, Lore, Lore, I adore ya!*«, sagt Fred und zwinkert uns zu.

René rollt mit den Augen. »Ja, die Lore weiß, was sie will.«

Kichernd gibt die Dittrich das Glas wieder frei.

Paula kauert wie hypnotisiert vor ihrer Beute. Lebt sie? Lebt sie nicht? Da! Ein Fiepen! Man glaubt es kaum. Seitlich hängt der Maus etwas Gedärm aus dem Bauch.

»Ich glaub, mir wird schlecht!«, sagt Sibel. »Jemand muss ihr den Gnadenschuss geben!«

Zeus' Nüstern beben. »Nicht so laut, sonst denkt die Dittrich wieder, sie sei gemeint! Hecken doch immer was aus gegen sie, hinterlistig und verschlagen, wie wir Ausländer sind, nicht, Lore?«

»Schhhh!« Sibel boxt ihn in den Arm. Aber die Dittrich beachtet ihn ohnehin nicht. Nie eigentlich.

Zeus lässt seine Faust auf den Tisch knallen. »Gnadenschuss! Hat doch eine gewisse Tradition hierzulande, nicht, Lore?«

»Man ruft mich?«, sagt die Dittrich, löst nur kurz ihren Blick von Fred. Der massiert sich die Hemdenbrust, wo die Zigaretten fehlen. Er mag es gern harmonisch. Sonst braucht er Nikotin.

»Prost, Lore«, sagt er laut und lässt sein Bier gegen ihr Glas schwoppen. »Danke auch für die Weinbrandbohnen, die Taschentücher. Hatte ich lange nicht mehr … Stoff.«

Die Dittrich kichert wie ein Teenie auf Zucker. Zwischentöne hört sie eigentlich nie. Nuancen. Ironie.

Fred verteilt Fleisch auf die Teller. Zeus kriegt

das größte Steak. Er fängt an, es in winzige Stücke zu schneiden.

Rob, der zum Grill gewandert ist, um nach unserem Gemüse zu sehen, stutzt kurz, geht in die Hocke.

»Die fette Paula!«, ruft er und niest. Katzenhaar. »Ich glaub es nicht! Einmal in ihrem Leben ein Fang und dann gleich Rote Liste. *Micromys minutus.* Zwergmaus!« Robs Eltern hätten gerne gehabt, dass wenigstens er Biologe wird, wenn schon nicht sein Vater.

Die Dittrich klatscht in die Hände, völlig aus dem Häuschen.

»Siehste, Fred, man muss der Katz nur das richtige Mäuschen vorsetzen, dann kann sie gar nicht anders als zubeißen.« Mit jedem Äppler lacht die Dittrich lauter.

»Lore Dittrik!«, sagt Fred und verzieht das Gesicht, *»you're a killer!«*.

Paulas Opfer zuckt nur noch schwach. Rob ringt mit sich, ich beobachte es aus dem Augenwinkel.

Dann fängt ein Rippchen Feuer, Ereignisse überschlagen sich, Fred greift zur falschen Flasche, Melissengeist statt Wasser, Stichflammen, Zischen, Rauch, der Gestank von verbranntem Fett, Fleisch.

»Gell, Fred, da fängste auch gleich Feuer!« Der fiebrige Blick der Dittrich. Nur Augen für Fred. Wie Zeus sich bückt, wieder auftaucht über dem

Tisch mit einem runtergetretenen Sneaker in der Hand, das entgeht ihr völlig. Erst mit dem lauten Knall, ein Nachhall im Hinterhof wie bei einem Schuss, schaut sie auf, kapiert dann aber in Sekundenschnelle, die alte Schachtel!

»Mausetot, Fred! Mausetot!«, sagt sie, schlägt sich lachend auf die Schenkel. »Verstehste, Fred? Die Maus? Happy Birthday! Auf dich!«

Lachen wie aus einem Heimatfilm. Null Mitleid, null Gespür für den symbolischen Gehalt einer platt geschlagenen Maus, das feine Lächeln eines Griechen, klassisch geschwungene Lippen!

Paula sitzt im Gras, reißt das Maul auf. Halb gähnend, halb miauend leckt sie sich die Pfoten.

GESCHENKT

Mittlerweile träume ich von Zucchini. Ausleger, die alles überwuchern, das Haus übersät von gelben Blüten. Ich bin Dornröschen, bis Rob mich weckt. Den ganzen Tag das lästige Gemüse, kein Wunder, kann ich nachts nicht abschalten.

Suppe, Frittata, Quiche, Lasagne, vegane Spaghetti, Kuchen. Nur Zucchinimarmelade mach ich keine mehr. Wir haben noch vom letzten Jahr. Gerade mal ein halbes Glas ist weggekommen. Jedes Wochenende stelle ich es wieder auf den Tisch zum Frühstück. Rob hat noch nicht davon probiert.

»Ich muss!«, sagt er, in Eile wie immer.

Er hat mir noch eine Tasse Kaffee ans Bett gebracht. Eine Ausnahme, kein Geburtstag.

»Nimm Zucchini mit für Carl!«, rufe ich ihm hinterher.

Der habe eine eigene Wachstumskrise, ruft Rob aus dem Flur zurück, oben auf seiner Dachterrasse. Robs Chef wohnt in einem Penthouse. Sehr zentral,

1950er, Mid-Century. Funktionalismus ist wieder stark im Kommen.

Wenn ich nachher die Post hole, stelle ich eine Kiste an die Straße. Das Schild ist schon gemalt, Kreidestift auf Schiefer, echtes Handlettering: »100 % Urban Garden, bio«, steht drauf und: »1 Stk. = 50 cts«. Der durchschnittliche Großstadtbewohner müsste doch ausgehungert sein nach frischem Gemüse aus lokalem Anbau. Eine Win-win-Situation.

Kurz überlege ich sogar, Erika welche vorbeizubringen, aufs Grab. Sie hat sich doch immer gefreut, wenn wir ihr welche vor die Tür gelegt haben, aber dann bin ich nicht sicher: Wäre das eine nette Geste oder doch wieder nur Egoismus, wo ich die Dinger doch so dringend loswerden will?

Herbert, ihren Nachfolger in der Wohnung unter uns, hatte ich auch schon gefragt, aber der kocht nie, isst immer nur Kantine, am Wochenende kalt.

Unten steht Sibel schon an den Briefkästen. »Scheiße!«, sagt sie. Das Schreiben in ihrer Hand zittert. »Jetzt sind wirklich alle irre geworden!« Rauch schlängelt ihr aus der fein modellierten Nasenspitze. Sie schüttelt den Kopf. »Erst Zeus mit seiner ewigen Eifersucht auf meinen pickeligen Kollegen; dann der *bug* in meinem Scheißprogramm und jetzt auch noch die Alte!«

Letzte Woche hat die Dittrich Sibel im Flur erwischt. Rauchende Zigarette, eisiger Blick, Kopfschütteln. *Et voilà*, schon ist die Abmahnung da: das nächste Mal Rausschmiss. Die ältere Nachbarin habe schließlich asthmatischen Husten. Wo da die Rücksicht bleibe, die Menschlichkeit? Mit freundlichen Grüßen.

Ältere Nachbarin! 82 ist die Dittrich, und der Vermieter hat Angst vor ihr, so sieht es aus. Sie terrorisiert ihn so lange mit Anrufen, bis er macht, was sie will. Sonst stünde auch unsere Kirsche noch. Die Dittrich soll nicht glauben, wir wüssten nicht, wer den rostigen Nagel in den Stamm gehauen hat, es gab ja Zeugen. Nur weil Lore sich an den Blüten auf dem Balkon gestört hat, den Blättern. Jetzt ist es eben Sibel.

Von wegen asthmatischer Husten! Fred dürfte der Dittrich seine HBs direkt durchs Schlüsselloch in die Wohnung pusten. Militante Nichtraucherin ist sie jedenfalls nicht. Fred hat schon vor ihren Augen in den Hausflur geascht – Lachen, Händeklatschen vor lauter Freude. Sie hat einen Narren an ihm gefressen, die Alte. Manchmal führt sie Besuch in den Wäschekeller, Benno zum Beispiel, ihren Sohn, nur um Freds Holzfällerhemden herzuzeigen. Wie ordentlich sie zum Trocknen hängen! Die Socken: alle nach einer Seite ausgerichtet. Wäscheklammer, stillgestanden! Fred ist mit der Army nach Deutschland gekommen.

»Kaffee?«, frage ich.

Sibel winkt ab, mit der Zigarette. »Stressmagen.« Halbherzig durchkämmt sie mit einer Hand das Feigenbäumchen neben der Tür, bevor der dunkle Hausflur sie verschluckt. Ich höre sie noch die Treppen raufstampfen.

Vor den Briefkästen, Zauninnenseite, liegt ein Päckchen. Es ist an uns adressiert, Rob und mich. Ich stelle die Zucchini kurz ab, um es zu öffnen. Von Pippa. Erst lese ich die Karte. Siebdruck, eine Nacktschnecke im Stil alter zoologischer Stiche. Pippa vertreibt so was in ihrem Dawanda-Shop »Urban Om«. »Kleiner Dank«, steht da, »etwas verspätet für Kost und Logis.« Das Geschenk ist in die herausgerissene Seite eines Gartenkatalogs gewickelt. Schneckenkrägen, verschiedene Ausführungen. Ich öffne es. Ein Abreißkalender, für jeden Tag. Gärtner Pötschke, der Grüne Wink, schon halb abgelaufen, jetzt im Juli. Ich leg ihn zu den Zucchini.

Das Kistchen muss so platziert werden, dass keiner daran vorbeikommt, mitten aufs Trottoir. Hinten im Hof wartet schon die nächste Ernte. Ein Rätsel, das Reifen über Nacht, im Dunkeln.

»Ei, guten Morgen, Doris!«

Nicht unsere Dittrich, ein Glück; die Dittrich von nebenan, Fanny Herrmann aus der 11. Nennt mich auch immer Doris, wie das Original. Sie hat feste weiße Locken, einen Pudel mit der gleichen Frisur.

»Und –«, fragt sie, »gibt's was Neues von unserem«, sie senkt die Stimme, nickt Richtung Parterre links, »Fall?«

Beim Schneckenlesen zwischen den Zucchini war mir vor ein paar Tagen unter den Krumen etwas Hartes in die Hände geraten. Kein Stein. Leichter, weicher. Ungefähr einen Drittelfinger lang. Wie sich rausstellte: exakt ein Drittel Finger! *Phalanx media*, wenn auch ohne Fleisch drum rum, also schwerer zu erkennen. Aber der Doc aus der 15 hat es bestätigt. Der war gerade im Garten, drüben bei sich, Tomaten ausgeizen. Der Zindler ist zwar Zahnarzt, aber Grundlagen der Anatomie hören die auch, alle Mediziner. Er ist irgendwie strange, der Zindler, kann gar nicht sagen warum, aber ohne ihn hätten die mich im Polizeirevier nie ernst genommen mit meinem Ziplocktütchen. Trotzdem erst mal Skepsis, Zucchini, mitten in der Stadt? Ein Knochen? Aber dann mussten sie zugeben: menschlicher Finger. Wie lange schon in unserem Beet konnten sie nicht sagen, nur vom Augenschein. Lange, sonst wäre er nicht so sauber skelettiert.

Es war ein Fehler, Fanny Herrmann von meinem Fund zu erzählen. Jedes Mal, wenn sie mich trifft, bohrt sie nach. Sie ist viel unterwegs. Der Hund. Gassi.

»Die Dittrich hat ihren Mann doch nie mögen! Immer was zu meckern, immer vor den Leuten; ein Fleck an seinem Hemd, Haarbüschel aus seinem Ohr … ich verfolge das seit fünfzig Jahren«, sagt sie. »Die hat den doch weggeschafft. Oder wann hast du den Alten das letzte Mal gesehen, Doris?«

Ich versuche mich zu erinnern.

»Das ganze Ostend weiß, wie die Dittrich hinter eurem Fred her ist! Wie die den bedrängt! Armer Kerl. Eine Schande ist das, in ihrem Alter!«

Ob ich die Dittrich allen Ernstes des Mordes verdächtige? An der Kirsche: kein Zweifel. Aber der eigene Mann? Ich werde das Altglas in ihrem Kellerabteil im Auge behalten, die leeren Eierlikörflaschen. Ob es mehr werden. Sie trinkt den ja selber nicht, das bappisch Zeusch! Nur ihr Mann.

Vermutlich war es ja doch einfach so, wie es im vorläufigen Polizeibericht steht: Bombentreffer in der Drübkestr. 13, Fliegerangriff 1945. Jemand hat sein Leben in unserem Hof gelassen, auf jeden Fall einen Finger.

Eine dritte Möglichkeit flasht kurz auf in meinem Kopf: Ein grünes Verbrechen. Allesverschlingende Zucchini. *Little Shop of Horrors.*

Fanny Herrmanns Beppi schnuppert am Gemüse, den rauhen Holzlatten. Als er sein Bein heben will, gibt Fanny der Leine einen Ruck. »Aus!«, blafft sie.

Ich beuge mich über die Ware, suche aus den zwei Dutzend Exemplaren die dickste Schlange heraus. Prachtstück, ein richtiger Prügel, fast so groß wie Beppi.

»Zucchini?«, frage ich.

»Bleib mir fort! Italienisches Gemüse!« Die Herrmann schüttelt ihre Locken. »Aber den schönen Kalender tät ich nehmen und von euren Feigen.«

Feigen, ha! Kein italienisches Gemüse, aber Feigen. Die ganze Nachbarschaft schielt darauf, das Bäumchen neben der Tür. Vulgär geschwollene Früchte, lila Leuchten zwischen Blattfingern. Das Fruchtfleisch zerfällt im Mund, wenn die Zähne erst die ledrige Haut durchbrochen haben. Saftig und süß. Wir haben schon wildfremde Passanten erwischt mit triefenden Mündern, klebrigen Händen.

Nächstes Jahr pflanze ich die Zucchini vorne raus, neben die Feige.

»Frau Herrmann!« Von der anderen Straßenseite her winkt die alte Frau Schenk, in jeder Hand eine Zucchini. »Hallo! Warte, ich hab was für dich, nicht fortgehen!«

»Ich muss, Fanny. Die Arbeit«, sage ich und nehme die Beine unter den Arm.

Mit den Zucchini von Frau Schenk muss Fanny alleine fertig werden.

Auf Freds Balkon, Sundowner vor dem Gießen, Moscow Mules mit Zucchinischeibe statt Gurke. Fred zeigt mir, was in der Früh vor seiner Tür stand. Ein Rauchset, dreiteilig. Aschenbecher, Feuerzeug, Zigarettenspender. Ausgehende 1960er. Messing. Originalverpackt mit Schleife. Ausgerechnet heute.

»Jeder Mann hat eine kleine Schwäche …«, steht auf der Karte, vergilbte Ecken, Büttenrand. »… wenn es dich doch mal juckt! Mit den besten Empfehlungen von Lore Dittrich.« Von wegen asthmatischer Husten.

Der Spender ist ein Globus, goldene Kugel. Fred drückt auf den Nordpol. Aus einem Loch irgendwo im Zentralatlantik werden uns Zigaretten in den Schoß gefeuert. Der Aschenbecher dagegen kann nichts, kein Gimmik, einfach nur hässlich; ein Monster. Punkt.

»Noch ein Entsorgungsproblem«, sagt Fred, »als hätten wir nicht schon die Zucchini.«

Wir gießen erst vorn. Die Kräuter, Tomaten, Rosen. Fred nimmt den Ascher mit, stellt ihn außen aufs Fenstersims. Keine Gießkannenfüllung später steht schon die Dittrich da, Stirn in Falten, die feingepinselten Augenbrauen unter der Perücke.

»Hier stellst du das gute Stück hin, Fred, raus aufs Fensterbrett?!«, sagt sie. »Wart ab, morgen früh stehen zwei da!«

»Wie meinst du das, Lore?«, fragt Fred. Er kapiert nicht die verquere Logik der alten Schachtel, immer schön Schäkerton, statt geradheraus zu sagen: »Das Ding wird doch geklaut, Mann!«

»Lore, du Genie!«, entfährt es mir.

Die Dittrich schaut verschreckt.

Hab ich das wirklich gesagt? Genie? Zu Lore? Nur weil sie mich auf eine Idee gebracht hat?

»Was hab ich jetzt wieder falsch gemacht?«, fragt die Dittrich misstrauisch. »Die Doris guckt so«, sagt sie, als wäre ich nicht da. Dritte Person.

Fred massiert sich die Hemdenbrust, wo sonst die Kippen steckten. Er schaut mich hilfesuchend an. Dabei hab ich nur gelächelt. Pure Freude. Glück.

»Nichts, Fred. Gar nichts«, sage ich. »Sag ihr: Ich hatte einen Einfall. Einen Musenkuss.«

»Wen küsst die Doris?«, fragt die Dittrich, die vor allem bei mir unter Schwerhörigkeit leidet. Aber dann kommen Fanny Hoffmann und Beppi die Straße herunter, und die Dittrich winkt ab, zottelt davon. Die Hoffmann und die Dittrich können sich nicht ausstehen. Zu nah dran am perfekten Klon. Genetisches Make-up zu 99,999 % identisch. Direkte Konfrontation mit sich selbst. Das hält kein Mensch aus.

Fred kratzt sich am Bart. »Genie?«, sagt er. »Nicht nett. Sie hat Gefühle, weißt du, auch wenn es nicht so aussieht.«

»War ernst gemeint«, sage ich. »Umgekehrter

Diebstahl, die Lösung unseres Problems. Sie hat mich draufgebracht. Wir setzen unsere Zucchini einfach im Supermarkt aus. Du blockierst die Überwachungskameras, ich fülle die Auslage auf! Am besten wir gehen im Wintermantel. Wintermäntel sind gut. Unter T-Shirts lässt sich nicht viel Ware verstecken.«

»Überwachungskameras?« Fred reißt die Augen weit auf. Zwischen vier Fingern zieht er seine Krähenfüße glatt. »Ohne mich. Ich bin zu alt für Kunstlicht. Lieber ess ich die nächsten zehn Jahre jeden Tag Zucchini-Relish.«

Vielleicht hat er recht. Keine gute Idee. Zu Prankster. Aber das Kistchen vom Bürgersteig nehme ich wieder mit rein. Mehr Zucchini würden wir nicht verkraften, wirklich nicht.

THANK YOU FOR HOLDING YOUR BREATH

Kaum macht Fred auf, schießt Paula an mir vorbei. Keine Nase, aber Verhaltensauffälligkeiten für zwei. Wie angestochen rennt sie durch den Hausflur, raus in den Garten. Die Tür zu unserem Hinterhof steht immer offen in den Sommermonaten. Luftaustausch, trockene Hitze gegen Kellermief.

Wir wollen heute streichen, Wohnzimmer, Küche, Bad. Im Schlafzimmer hat Fred nie geraucht.

»*Paulchen`s such a fraidy cat*«, sagt Fred und drückt mir eine Dose Cola in die Hand. Frisch aus dem Kühlschrank, an dem immer noch dieser Magnet hängt: *Thank you for holding your breath while I smoke*, obwohl Fred aufgehört hat, jetzt für immer, wie er sagt

Nur ein Ami bringt das fertig, morgens eine eiskalte Coke, tropfnass von der Luftfeuchte. Ich trinke einen Schluck.

»Die Armadillos?«, frage ich. Fred hat Hausschuhe gekriegt. Gürteltiere zum Reinschlüpfen. Ein Paket aus Texas von seiner Schwester Darleene. Echte Killerlatschen. Paula geht jedes Mal an die Decke, wenn Fred sie aus dem Schrank holt.

Fred kratzt sich am Bart. »Nein, heute ist es Arnold, von oben. Fährt schon seit halb sieben Bobbycar. Vroooom! Wie ein Starfighter über uns.« Fred war GI auf der Rhein-Main Air Base. Die Army hat sein Studium bezahlt, Engineering. Sie hätten ihn gerne behalten, aber zurückgeschickt nach Texas. Fred wollte nicht. Irgendein Typ, noch vor René. Und weil ihm die Szene hier gut gefiel. Das Hedwigs.

»Jedes Mal, wenn Arnold Paula sieht«, sagt Fred, »schreit er ›Atze‹ in diese kleine Karaokemaschine aus Plastik; er hat sie überall dabei. Mit Zoé über mir und Emily war es ruhiger.«

Wäre alles nach Plan gegangen, wäre Paula eine zimtfarbene Perserkatze. Aber Renés Zuchtreihen laufen alle schief, siebte Generation schon oder so. Fell, Farbe, Fressverhalten. Fred sagt, solange es bei René nicht mindestens zehn Katzen weniger werden in der Wohnung unten in der Hanauer Landstraße, zieht er nicht mit ihm zusammen. Lieber zehn Minuten Fußweg, zwei Mieten zahlen und eben doch noch mal Bad streichen und die Küche.

Freds Wände sind eigentlich bis auf die Ecken

völlig in Ordnung. Ein rein moralisches Projekt, die Malerei. Frische Farbe, und ein Rückfall wäre schlimmer. Die ganze Arbeit! Schöne weiße Wände in der größten Sommerhitze gestrichen. Um den Druck zu erhöhen, hat Fred mich mit verpflichtet; jede Zigarette, die er von jetzt an raucht, wird auch meine Lebenszeit verschwenden.

Amerikaner sind unerbittlich mit sich und ihrem schwachen Fleisch.

Ich helfe gern.

René kann nicht; er arbeitet beim Herrenausstatter, wo sie Hauptsaison haben; Sommermonate, alle Monate ohne R sind Hochzeitsmonate, und bei mir ist gerade Leerlauf. Übersetzung beim Verlag, noch kein Feedback. Wenn ich erst mal runtergefahren bin, Garten, Streichen, Kopf wieder frei, mache ich mir Gedanken zu meinem eigenen Buch.

Fred reicht mir ein altes Hemd, Holzfällerkaro und ein Päckchen Kaugummi. Seine Kiefer sind neuerdings konstant in Bewegung.

Merle, Arnolds Mutter, hat ihm einen Gutschein geschenkt, drei Sitzungen Akupunktur, Raucherentwöhnung. Ihre Freundin hat eine Weiterbildung gemacht. Auch für andere Süchte: Essen. Social Media. Anerkennung. Liebe. Merle kriegt zwanzig Prozent Rabatt. Bisher nutzt sie die offenbar nur für andere, Geschenkgutscheine, statt ihre eigenen Themen anzugehen. Sonst wäre sie nicht so besessen, fixiert. Fred und seine Zigaretten. Wo sie ihm begegnet, im Garten, Flur, Supermarkt, ihr Blick geht immer zuerst auf seine Brust. Softpack im Hemd oder nicht? Als wäre es eine Sache von Leben und Tod, also ihrem und Arnolds, nicht Freds.

Um ein Haar hätte sie wegen Freds HBs die Wohnung ausgeschlagen. Arnold könnte vom Rauch, der durch Risse, Poren und Bohlen in ihre Wohnung kröche, Asthma kriegen, Pseudo-Krupp. Krebs sogar, wenn es hart auf hart käme. Merle ist ziemlich überspannt gerade; unschöne Trennungsgeschichte. Wenn man ihr das sagt, antwortet sie: Mag sein, aber der einzige Mann, der tagsüber außer dem alten Dittrich im Haus ist, Homeoffice zweimal die Woche, soll wenigstens kein schlechtes Rollenvorbild sein für ihren Sohn, der ziemlich sicher Einzelkind bleiben wird.

Ich erinnere mich genau, Freds erste Reaktion auf Merles Sorgen: *breeders* übertrieben es mit dem Nachwuchs doch um dreitausend Prozent, Nabel der Welt. Eine Wohnung nicht zu nehmen wegen eines Kinds! Merles Nerven müsse man sich erst mal leisten können! Unser Haus sei doch ein echter Glücksfall, bezahlbar, eigener Garten. Das bisschen Rauch, *sein* bisschen Rauch könnte doch unmöglich schwerer wiegen als die Vorteile, Gentrifizierung und steigende Mieten überall um uns herum. Hatte Rob nicht gerade einen Umbau gemacht:

180 Quadratmeter Altbau für einen Start-Upper, 24 Jahre alt, Kostenpunkt: 2,1 Millionen?

Hat er, da musste ich ihm recht geben.

Sibel meinte nur: Typisch deutsche Wohlstandsschickse.

Fred hat zum Glück keine 180 Quadratmeter. Dreißig, die müssten schnell zu streichen sein, Bad zuerst, das hat es am nötigsten, findet Fred. Sein liebstes Sonntagsvergnügen bis vor kurzem: Schaumbad, Sudoku und HBs.

Über der Wanne sind die Fliesen schon abgeklebt, meterweise Krepp und Folie entlang der Wände. Fred schraubt noch die Schalter und Steckdosen ab, ich hole mit dem Staubwedel die Spinnweben aus den Ecken. Dann legen wir los, erst mit dem Pinsel die Ränder und Ecken, dann mit den Rollen die Flächen. Unanständiges Schmatzen, das Abrollgeräusch. Kleine nasse Spritzer in unseren Gesichtern, weiße Sommersprossen.

Wir kommen gut voran. Das Bad sieht top aus.

»Drink?«, fragt Fred. »Die Küche machen wir nach dem Lunch.«

Paula, die über die Katzentreppe wieder reingekommen ist, schleicht durch den dunklen Flur, Bernsteinaugenleuchten. Sie schnuppert am Polarweiß. Plötzlich: struppiges Fell, Fauchen, Katzenbuckel; sie hat die dicken Lammfellrollen an den Teleskopstangen entdeckt.

»Grrrr …, Paulchen!«, sagt Fred, tastet sein Hemd ab. Er angelt ein Päckchen Wrigleys aus der Tasche. »Wenn das so weitergeht, braucht sie bald einen *shrink*!«

Fred wickelt das Silberpapier von einem Kaugummistreifen ab, hält mir die Packung hin. »Spearmint«, sagt er. »Mein Methadon.«

Ich schüttle den Kopf.

Man braucht kein Psychologie-Diplom, um zu sehen, dass Paula eine Katze mit Klatsche ist, nicht erst seit Arnold. Die Angst vor Lammfellrollen ist ja noch nachvollziehbar. Wie im Labor gezüchtete Retortenschafe stehen sie da, genmanipulierte Malertiere, zu blöd zum Blöken. Aber ich bin natürlich auch neurotisch begabt; das zeichnet mich neben meinen zwei Semestern Jurastudium als Übersetzerin von Kriminalliteratur mit düsteren Untertönen aus, sagt die Lektorin, wenn sie glaubt, es sei mal wieder Zeit für Zuckerbrot.

Fred zieht Leckerli für Paula aus seiner Tasche. Zur Beruhigung. Essen gegen Angst. Kein Wunder, ist die Katze fett; gerade als sie zubeißen will, weiße Zähnchen, dürres Pressfleisch, tut es einen Knall. Scheppern, Scherben, Leerung von Altglascontainer. Mein Herz stolpert vor Schreck. Paula schießt wie eine Billardkugel von einer Ecke der Wohnung in die nächste.

»Lego-Kiste«, sagt Fred und schaut zur Decke.

Über uns hören wir Schritte. Merle schimpft, Arnold heult.

»Sie ist verrückter denn je«, sagt Fred. »Paula, meine ich. Frisst kaum noch. Die Nerven. Pawlow, nur falsch rum; immer wenn sie Essen sieht, passiert oben was, das sie aus der Haut fahren lässt. Die arme Kreatur hat Angst vor Essen! Paulchen, komm, Baby, alles gut. Fressi!« Fred hält ihr das Leckerli hin. »Am Ende magert sie noch ab!«

Eine Kontraktion an Paulas flacher Nase, das Zucken setzt sich fort, ihr Fell, den Rücken entlang bis zum Schwanz. Die Katze schüttelt sich. Dann schnürt sie langsam auf Fred zu, maunzt wehklagend, streicht ihm um die Knie.

»Wenn das so weitergeht, muss ich umziehen. Stimmt's, Paula-Tiger, grrrrr …, armes Baby!«

Paula-Baby verschlingt das Fressen in einem Bissen.

»Fein, gut gemacht, Paulchen!« Fred will sie noch einmal streicheln, aber die Katze geht schnurstracks aus dem Raum, Schwanz pfeilgerade in der Luft, rosabraune Rosette, als würde sie uns zuzwinkern.

PEEPSHOW

Fred steht im Vorgarten zwischen den Rosenstöcken, weiße Farbsprenkel auf dem Hemd, und schneidet alles: Blätter, Stengel, Blüten, sogar Knospen. Der Boden sieht aus wie nach dem Christopher Street Day. Rot, Pink, Gelb, Grün. Teil zwei unserer Renovierungsarbeiten, Küche, Bad streichen, damit er nicht mehr raucht, und er steht mit der Heckenschere im Beet und hat eine brennende Fluppe im Mund! An seinem Bart klebt Malerkrepp.

Ich hätte Fred nicht allein lassen dürfen, aber er hatte in der Frühe Sandwiches mit Schinken und Mayo vorbereitet zum Lunch, so dass ich mittags zum Libanesen musste. Eigentlich hat Fred längst geschluckt, dass wir vegan sind, Rob und ich, aber Wurst ist für ihn kein Fleisch; sicher auch keine Pflanze, vermutlich eher ein Neutrum. Pilz oder Bakterium. Von der Mayonnaise fange ich gar nicht erst an. Fred ist aus Texas, da kann man nichts machen.

Fühlt er sich abgewertet, seinen Lebensstil, wegen einer Falafel? Auf Nikotinentzug ist man dünnhäutig. Und dann die Midlifecrisis. Fred und Erika hatten am gleichen Tag Geburtstag, gleiches Jahr, gleiche Stunde sogar, Zeitverschiebung eingerechnet. Nicht, dass Fred mehr mit ihr zu tun gehabt hätte als der Rest von uns. Aber irgendwann haben die beiden den irren Zufall eben entdeckt, ganz nebenbei, ein Treppenhausgespräch. Astrologische Zwillinge, so was verbindet. Deshalb hat Fred aufgehört zu rauchen, glaube ich. Ihretwegen. Identifikation. Das Alter, in dem man morgens plötzlich tot im Bett liegen könnte, ohne dass alle denken: Mord. Sie war ja auch starke Raucherin, Erika.

Als Fred mich sieht, schmeißt er die Kippe ins Beet. »Bist du sauer wegen der Sandwiches?«, frage ich.

Er winkt ab. Es sieht aus, als würde er die Luft anhalten, um den Rauch möglichst lange im Mund zu lassen.

»*Ham*«, sagt er schließlich und atmet aus dabei, »*will be ham* und *boys will be boys.*« Er sei ja ganz für gewaltfreie Erziehung, sagt Fred, hippiemäßig sogar in diesem Punkt, und nur weil es bei ihm als Junge mit dem Gürtel was auf den Hintern gegeben habe nach einem Streich, sagt Fred, oder mit dem Holzlöffel, erwarte er noch lange nicht, dass Arnold auch Prügel kassieren sollte. Keine Schläge, nein, bestimmt nicht seinet … – Freds – …wegen.

Ein bisschen Spaß mit Klopapier! Harmlos doch im Grunde. Wobei: in der Badewanne … ganz normal sei das ja nicht, vier Rollen auflösen im Wasser. Vier! Auf Arnold sei er aber wirklich nicht böse, wie gesagt: *boys will be boys*. Aber Merle? Erst will sie nichts mitgekriegt haben, okay, lautstarker Streit mit dem Ex am Telefon, räumt Fred ein, jedes Wort eins zu eins bei ihm unten hörbar, im Parterre. Und doch, wenn jemand diszipliniert gehöre, dann sie! Mag sein, sagt er, vielleicht sei es nicht für jeden offensichtlich, dass man das Schräubchen am Ablauf nicht lösen dürfe, vielleicht denke man nicht klar in so einem Augenblick, Streit mit dem Ex und die Wanne voller Matsch. Aber eins, eins werfe er ihr doch vor: Warum habe sie nicht ihn, Fred, zu Hilfe gerufen, als sie gemerkt hat: Ablauf verstopft, wo er, Fred, doch nicht nur ein Diplom in Engineering habe, sondern auch noch zwei außerordentlich geschickte Hände, der geborene Handwerker?

Fred steckt sich eine neue Zigarette in den Mund, ohne sie anzuzünden. »Ich hab sie gehört: ›Da bräuchte ich *einmal* einen Mann im Haus‹, hat sie gebrüllt, ›einmal einen echten, Baumarkt-Macker! Und? Keiner da!‹ Dann hat sie die Schraube gelöst.«

»Und?«, frage ich.

Fred nickt Richtung Haus. Ich gehe hinein, in seine Wohnung, das Bad.

Ich wusste ja, dass unser Haus hellhörig ist, schalldurchlässig. Holzbalkenkonstruktion, Billigputz. Aber wer hätte gedacht, dass auch nasser Klopapierbrei durchgeht? Dass der Matsch erst in den Boden und dann in Freds Wohnung suppen würde? Das Loch in seiner Decke ist riesig. Man sieht Merles Duschvorhang. Gelbe Gummienten auf dem Wannenrand. Einen Naturschwamm. A3 würde ich sagen, das Loch. Unser neuer Anstrich, nasser Putz – alles liegt auf Freds Regenbogenduschvorleger.

Ein kleines Schräubchen am Ablauf.

Mir läuft ein kleiner Schauer über den Rücken, die texanischen Hornissen surren wieder in meinen Kopf; sie fressen das Loch zu Merles Wohnung größer, bringen Arnolds Gummienten zum Platzen.

»Manchmal wäre ich gern ein *DIY-Macho*.«

Ich zucke zusammen. Fred steht hinter mir, kratzt sich am Hinterkopf. Immerhin brennt seine Kippe nicht. »Gay heißt doch nicht zwei linke Hände«, sagt er.

Oben hat sich ein Auge vor den Durchbruch geschoben. Nicht Gott, Arnold. Ein paar bunte Legosteine fallen durchs Loch.

»Atze, Atze! Piep!«, ruft Arnold, der spielen will, uns seinen Arm entgegenstreckt. »Piep!«

Fred nestelt Streichhölzer aus seiner Hemdentasche. Wahrscheinlich vom Kiosk, seine Zippos hat er Sibel vermacht, die mehr raucht denn je, eher nicht schwanger ist.

»Wär ich nicht schwul, ich würde rausziehen aufs Land«, sagt er. »Ich schwör es dir. Einfamilienhaus, drei Badezimmer! Ruhe. Grün. Platz.« Ratsch! Ein Streichholz zündet. Fred inhaliert tief. »Aber ich brauch das Hedwigs«, sagt er, bläst den Rauch aus, »euch.«

Mir fällt eine Liedzeile ein. »Erinnerst du dich, Fred, 1986? Eurotrash?« Ich singe: *Suburbia, where the suburbs met utopia …*

»Eurotrash?!« Fred rollt mit den Augen. Aber dann entspannen sich seine Gesichtszüge doch; weil er genau weiß: die *Pet Shop Boys* hatten recht. Alles ein Traum, der Vorort. Projektion. Vielleicht ist es aber gar kein Erkennen, sein Lächeln, sondern nur der Effekt der Zigaretten. Ein kleiner Nikotin-*Rush*.

TONNE

Die Dittrich ist ein Bewegungsmelder. Kaum kommt Fred hinten in den Hof, steht sie auf dem Balkon, spricht, als wären wir nicht da, Rob und ich, dabei haben wir das Ungetüm hergeschleppt, zusammen mit Fred.

»Gut, dass du was tust, Fred! Euer Grünzeug macht uns arm. Darf gar nicht rechnen, was eine Tomate kostet, die Gießerei bei der Hitze.«

Die Tonne ist ein Flohmarktfund. Fassungsvermögen dreitausend Liter. Fred hat sie gekauft. Je mehr es regnet, desto mehr sparen wir. Damit man den blauen Kunststoff nicht sieht, wollen wir wilden Wein hochranken lassen oder Clematis.

»In die Regenrinne muss eine Klappe, irgendeine Form von Loch«, sagt Rob. Er ist früh aus dem Büro gekommen, trägt die Dachdeckerhose von seinem Vorpraktikum, Jahre her. Breiter schwarzer Cord, zwei Reißverschlüsse vorn. Die Flex gehört Fred.

Wäre er nicht Teil unseres Gartenprojekts, die Dittrich hätte längst dafür gesorgt, dass wir kein Wasser mehr kriegen. Ein Anruf beim Vermieter. Plombe auf den Anschluss im Keller. *Fini.* Sie lässt es bleiben, weil sie doch glaubt, immer noch glaubt, Fred umdrehen zu können, hätte halt nur nie die Richtige getroffen, sagt sie; meint sich damit. Hausanzug, Turban, darunter eine der toupierten Perücken aus ihrer Sammlung, zu jedem Anlass passend. Seit Fred bei uns eingezogen ist vor zwei Jahren, trägt sie auch wieder Schmuck, an jedem Finger Ringe, schwere Ketten um den Hals.

Fred setzt die Säge an. Die Hitze macht den Lärm – Metall auf Metall! – noch lauter, unerträglich. An Gehörschutz hat keiner gedacht.

»So, jetzt brauchen wir nur noch ein Stück Rohr zum Umleiten«, sagt Rob und legt die Flex ins trockene Gras.

Fred verteilt schwitzende Coladosen.

»Gell, jetzt willste wieder anfangen mit dem Rauchen, Fred«, sagt die Dittrich, ohne aufzuschauen, »ich kenn dich doch. Kannst meinen Aschenbecher gut brauchen!« Mit beiden Händen durchforstet sie ihre Balkonkästen, knipst tote Blüten ab. Nägel krapprot, passend zu den Geranien.

Bei ihrem Zweiundachtzigsten letztes Jahr saß Fred im Restaurant sogar neben ihr am Kopfende der Tafel, ihren Mann hatte sie ans andere Ende des

Raums platziert, gleich bei den Toiletten. Neben mir.

Fred streicht sich über die Brust. »Ah, ja«, sagt er. Es stecken keine HBs mehr in seinem Hemd; er nimmt einen tiefen Schluck aus seiner Dose. Vier Wochen schon (minus den kleinen Rückfall), aber immer noch diese Bewegung: Hand aufs Herz, die andere auf die Hosentasche, fürs Zippo.

Keiner aus dem Haus hätte geglaubt, dass er es schaffen könnte. Nichtrauchen. Genauso gut hätte er sagen können: Ab morgen spreche ich akzentfrei. *Yes, Sirrr*!

»Gell, Fred«, lacht die Dittrich, »ich kenn dich doch!«

»Das tust du, Lore«, sagt Fred, »das tust du.« Und dann leiser, so dass nur wir es hören: »Alte Schaktel!«

STADTMÄRCHEN

Kaffeepause auf dem Balkon, die Sommersonne genießen, bevor sie zu heiß wird. Ich kremple die Ärmel hoch. Ein altes Holzfällerhemd von Fred. Projekt Zweitanstrich im Bad; nach dem Wasserschaden ist die Decke jetzt repariert, die Feuchte endlich raus. Merle hat neue Farbe besorgt, weil sie es war, die das Schräubchen am Abfluss gelöst hat.

Um den blühenden Schnittlauch, den wir in Sauerkrauteimern auf dem Mäuerchen zur 13 hin gezogen haben, tanzen zwei Tagpfauenaugen. Viele Insekten dieses Jahr, auch Bienen; wir haben für sie eine Weide ausgesät zwischen den Karotten und den Zwiebeln; Rob und ich versuchen sogar die Hornissen, die oben bei uns nisten, interessant zu finden.

Pling! Eine Nachricht von Merles Vorgängerin Zoé, neuerdings Vorort. Zoé ist im Januar mit Emily, ihrer Tochter, rausgezogen aufs Land. Die Wohnung 1. OG rechts gehört traditionell alleinerziehenden Müttern; Networking, Zufall. Weiberwirtschaft, nennt die Dittrich das. Jedenfalls gehe das seit den 1980ern schon so.

Auf meinem Display sind weiße Fingerabdrücke. »IKEA-Notfall, kannst du?«

Ich weiß sofort, was Zoé meint. Jedenfalls keine Schwierigkeiten beim Aufbau von PAX oder MALM. Zoé würde nie auf die Idee kommen, einen Schraubenzieher in die Hand zu nehmen. Ihre Mutter ist Kinderärztin in Koblenz, der Vater hat eine gutgehende Kanzlei. Für Zoé war bei uns zu wohnen – zwei Zimmer, C-Lage, Leitungen auf Putz, kein Parkett – so was wie Rock 'n' Roll, Rebellion, späte Pubertät. Andere lassen sich ein Piercing machen oder ein Tattoo. Wobei Zoé ja auch eins hat, ein Tattoo, die Kirschblüte am Handgelenk. Schritt eins Richtung Erwachsensein, »Vernunft« war, wie sie im Herbst dann plötzlich die Putzfrau angenommen hat, Papa-Sponsoring, und bald darauf die adrette Maisonette »im Grünen«. So redet sie sich die Peripherie schön.

Zu uns sagt sie immer, Rob und mir: »Abwarten, irgendwann wollt ihr's auch mal naturnäher. Spätestens mit Kind.« Totschlagargument. Sie weiß etwas, was wir nicht wissen, nicht wissen können, vielleicht nie wissen werden. Vielleicht wollen wir auch nur deshalb kein Kind, weil wir das eben nicht wollen: Vorort. Vielleicht ist es die Nicht-Stadt, die uns Angst macht, nicht das Kinderkriegen?

Passend zur Wohnung haben Zoés Eltern ihr ein Auto gekauft. KfZ zum Kaff. Sibel sagt: zum Kotzen. Fred nennt so was *Packagedeal*.

In der Drübkestraße – und das ist ein Grund, warum man sie lieben sollte, mehr als den Vorort – braucht man kein Auto. Weil es U-Bahn gibt und Kioske, den Supermarkt, Friseure, Dermatologen, einen Zahnarzt. Alles. Plus uns als Inhouse-Babysitter. Für lau. Früher konnte Zoé irgendwo klingeln, einer von uns war immer da. Nur bei der Dittrich wollte Emily nicht bleiben, egal wie viele klebrige Hustenbonbons. Emily ist fünf und ziemlich integer für ihr Alter, unbestechlich. Außerdem hatte sie Angst vor Lores Perückensammlung und dem fleischfarbenen Hörgerät, das Herr Dittrich immer auf dem Couchtisch liegen hat, um seine Frau nicht hören zu müssen.

Wenn Zoé jetzt Zeit für sich braucht, wird Emily mit dem neuen Wagen zu IKEA gefahren und im Kinderparadies *Småland* ausgesetzt, das eigentlich BILLYGHEIMAR heißen sollte. Ein Ersatzwald, viel Plastik, wenig Holz, die Kinderbetreuung kostet dort nichts. Einfach abgeben. Statt zu zahlen, sollen die Eltern neue Sofas kaufen oder Servietten. Zoé aber steigt wieder ins Auto und fährt zu uns in die Stadt. Auf dem Land gibt es keine anständigen Friseure. Zoé will das Geld in Strähnchen stecken, nicht in Sofas. Sommerblond, sieben verschiedene Nuancen. Nur dass Emily manchmal schon vor Ende der Einwirkzeit nicht mehr im Preiselbeerbällebad spielen möchte. *Pling!* Zoé bekommt eine Nachricht von IKEA auf ihr iPhone. *Pling!*, kriege ich ihre SOS-SMS. Und dann soll ich umgehend die U-Bahn nehmen, die S-Bahn, den Bus und mir am Eingang zum *Småland* einen Wolf reden, weil ich weder die Mutter bin noch die Stiefmutter, nicht abholberechtigt, auch wenn das Kind meinen Namen schluchzt, mir auf rührende Art die dünnen Ärmchen entgegenreckt.

Nie wieder, hab ich Zoé gesagt, beim letzten Mal schon. Selbstgewählt schließlich, der Vorort! Ich lasse mich nicht gerne manipulieren. Soll sie einen Babysitter bezahlen.

Im Hochbeet, das Rob aus Euro-Paletten gezimmert hat, werden die ersten Karotten reif, bald können wir ernten. Dieses Jahr haben wir für bessere Belüftung gesorgt. Keine Anfängerfehler mehr. Staunässe.

»Probleme?« Fred versucht mit einem alten Bierdeckel eine Wespe von seinem Kaffee zu scheuchen. Volltreffer, mit einem »Klack« landet das Vieh auf dem Tisch.

»Zoé«, sage ich. »Sie kriegt Strähnchen.«

Fred nickt. »Aha«, sagt er. Er hebt die Augenbrauen, zieht die Nase hoch. »Babysittingkrise.«

Ich nicke.

Die Wespe hat sich – etwas benommen noch – wieder aufgerappelt, kriecht über den Tisch, auf den Zuckerstreuer zu, das Glas hinauf. Ein hässliches Ding, der Zuckerstreuer, aus den Beständen der Dittrich vermutlich, Aussteuer. Oben angekommen, schlüpft die Wespe in die Tülle. Verrückt, wie Ideen manchmal genau vor einem liegen, Lösungen.

Ich greife nach meinem Handy.

»Hornissennest in unserem Dach«, tippe ich. »Wunderschön. Natur-Papier! Super Forschungsprojekt. Nobelpreis f. Emily in trockenen Tüchern!«

»Und«, fragt Fred, »was hast du geschrieben?«

»Sorry, keine Zeit«, sage ich, rühre in meinem Kaffee.

Ein einfaches Nein fällt mir schwer. Charakterschwäche, ich weiß.

Pling! Zoé braucht keine Minute für ihre Antwort. »Plan B: Lucys Mama holt Emily!«

Ein Hornissennest ist zu viel Natur für jemanden im Grünen.

Ich male mit dem Pinsel die Ecken aus in Freds Bad, als Zoés dritte Nachricht kommt: »Lucys Bruder hat Läuse.« Auch keine Meisterin des klaren Worts, Zoé. Ich versteh sie trotzdem.

»Lieber Hornisse im Dach als Laus auf dem Kopf«, antworte ich, als ich schon in der U-Bahn sitze. Dann wieder, S-Bahn, Bus, das Kind retten, nicht die Mutter. Fred muss alleine streichen.

Abends beim Gießen – Zoé sommerblond und tiefenentspannt, kam erst gegen fünf, nur schnell Emily abholen, kein Parkplatz – ist Fred ungewohnt schweigsam. Fast feindselig. Da bin ich froh um Zoés Nachricht. *Pling!* »Emily sagt, du bist die Schönste im ganzen Land.« Ihre Art, danke zu sagen, ich weiß, aber es gibt Momente, da muss man auch mal an Märchen glauben.

EICHHORN

»Fuck.« Fred, Hand in einem gelben Gummihandschuh, fischt das tote Eichhörnchen aus der Tonne. Arnold hat es als Erster entdeckt. Wie jeden Morgen hat er mit seiner bunten Karaoke-Maschine auf dem Balkon gestanden und auf Katzen gewartet. Nur dass er nicht wie sonst »Atze« in das Plastikmikro gebrüllt hat, sondern »Eichhorn«. Fred beim Frühstück, Cola immer noch ohne Zigarette, war sofort hellhörig.

Sein frenetisches Klingeln hat mich aus dem Tiefschlaf gerissen: · · · – – – – · · · Samstagmorgen! Rob hat geflucht und ist liegen geblieben. Ich wusste sofort: ein Vorfall. Eigentlich ist kurz, kurz, lang unser Zeichen; Code für: Fred, nicht die Dittrich.

Er hat unten im Garten gewartet, Fred, Finger wortlos auf die Tonne gerichtet. Erst – Herz im Hals, ein Stolpern! – dachte ich: Da treibt die Dittrich! Dreitausend Liter Regenwasser, reichlich für 1,57 Meter Körpergröße, Tendenz sinkend. Das nasse rote Fell – die gleiche Farbe wie eine von Lores Perücken.

»Hättet ein Gitter drüberlegen müssen, Fred, über die Tonne! Das schöne Gießwasser.« Eindeutig nicht aus dem Jenseits, die Stimme. Gardinenrascheln am dittrichschen Schlafzimmer. Ist wohl noch nicht angezogen, Lore, sonst wäre sie längst draußen, Balkon oder sogar Hof, würde sich nicht verstecken.

Ich zittere am ganzen Körper, ein Nachbeben. Die Dittrich eine Wasserleiche in unserem Garten! Klar, nur kurz, in meinem Kopf, trotzdem: dieses Schaudern. Lust. Lust? Was bin ich nur für ein Mensch, lieber sie tot als das Tierchen? Weil sie nervt? Oder weil ich immer aus bin auf eine gute Story, neuen Stoff, Drama?

Fred, große gelbe Gummihand nah an seinem Gesicht, zieht die Nase hoch.

Der Eichhörnchenschwanz ist nass gar nicht mehr buschig. Ein Pinsel. Tropfen platzen auf den Waschbetonbruch, den wir mal als Provisorium gedacht hatten, möglichen Weg an den Hochbeeten entlang. Dunkle Wassersprenkel, dicke Kreise, mehr und mehr auch kleine. Eine Vermutung, ich blicke auf: Freds Gesicht ist nass. Da tritt, untrüglicher Sinn fürs Timing, die Dittrich auf ihren Balkon.

»Lebensgefährlich!«, ruft sie. »Erst säuft das Vieh ab, dann der Bub von oben!« Sie trägt ihr Morgenoutfit. Hausanzug und Turban. »Alles nur wegen eurem Garten! Tomaten, mitten in der Stadt!« Sie macht sich ans Gießen. Ein Kännchen aus Messing. Geranien, Stiefmütterchen, Begonien.

Fred wischt sich mit der Schulter die Tränen von den Augen. Mir wird flau, eng im Hals. Ich hab ihn nie weinen sehen. Indianer kennen keinen Schmerz, Texaner.

»Zu Hause in den Staaten«, sagt er in sein Hemd, »hatte ich mal ein Eichhörnchen. Skippy. Ein Geschenk von Uncle Jeb. Ich sollte den Kontakt zu Tieren nicht verlieren nach der Geschichte mit dem Pferd.«

Er hat seine Mutter verloren, Fred, da war er elf. Ein unschöner Unfall beim Rodeo. Fred war auf der Tribüne gestanden, *Lone Star*-Fahne um die Schultern, wie ein Superheldencape.

Fred massiert sich mit der freien Hand die leere Brusttasche, in der sonst die Kippen steckten.

»Skippy war superclever; er hat mich zum Lachen gebracht.« Unter Freds Bart zittert das Kinn. »Er sollte das beste Futter der Welt kriegen. Ich habe die letzten Erdnüsse aus Mas Schrank geholt, hab sie mit Honig vermischt, Ahornsirup. Skippy konnte nicht mehr aufhören, hat gefressen, gefressen, Mas letzte Erdnüsse, ausgerechnet ihre Erdnüsse haben Skippy …«

Plonk! Der Dittrich ist, so weit hängt sie über

der Brüstung, Ohren gespitzt, das Gießkännchen vom Balkon gefallen.

»Geheimnisse vor mir, Fred?«, ruft sie, rückt ihren Turban zurecht. »Nähst mir ein schönes Pelzkäppchen zum Geburtstag, was, aus echtem Fell?« An ihren Fingern funkeln goldene Ringe. »Das Fell von Eichhörnchen heißt übrigens ›Feh‹, Fred. Gell, wusstest du noch nicht! Kannst noch viel lernen von mir. Nicht nur für Kreuzworträtsel!« Sie lacht wie eine Elster.

Freds Schultern beben. Ich würde gern einen Arm um ihn legen, aber je näher ich an ihn ranrücke, desto penetranter wird die Dittrich. Der Einzige, den die alte Schachtel in Freds Nähe toleriert, ist René. Bei ihm schnappt sie nicht zu, dabei weiß sie nicht mal, dass er positiv ist, HIV. Alle anderen sind Konkurrenz, Eindringlinge in ihr Revier. Besser also eine *No-touch*-Lösung.

Ich schaue Fred von der Seite an. »Das rote Fell vorhin, in der Tonne –«, sage ich, meine dunkle Seite, den Abgrund, gegen seinen Trost. Heikler Handel. »Ich dachte – also einen Moment lang habe ich sogar gehofft –, es sei die Dittrich …«

Einen Moment lang stutzt Fred, dann platzt es aus ihm heraus, Tränen, Lachen, diesmal.

»*Oh Lord, Lore Squirrel!*« Er schnappt nach Luft, »*Lore Squirrel!*«

»Ja, ja, immer was zu lachen, die Doris«, sagt die

Dittrich. »Immer lustig.« Ihr Lächeln sieht gezwungen aus, künstlich: dann zieht sie ein Schnütchen. »Du«, sagt sie, und ich höre schon den Bettelton, nur dieses eine Wort, »du, Fred, kommst gleich mal rein zu uns, gell? Der Herr Dittrich sagt, sein Hörgerät piepst wieder so komisch, da muss mal einer nachsehen.«

Biest.

Aber Fred grinst immer noch vor sich hin.

»Später, Lore«, sagt er, »später. Erst mal haben wir hier ein Grab zu machen.«

Leise vor sich hin schimpfend verschwindet die Dittrich in ihrer Wohnung.

Wir beerdigen das Eichhörnchen am Komposthaufen, den wir drüben zur 11 hin angelegt haben. Da sitzen die Nachbarn sowieso nie. Ihre Tanne wirft zu viele Nadeln ab, als dass richtig Gras wachsen würde, und Fanny Hoffmann verbuddelt ihre Pudel dort, auf der anderen Seite des Zauns, alle zehn Jahre einen. Vier schiefe Kreuze. Kein Mensch stellt eine Sonnenliege neben einen Hundefriedhof. Aber Eichhorn wird sich nicht daran stören. Gesellschaft. Fred pfeift ein Lied. *I don't wanna be buried in a Pet Cemetery.* The Ramones.

Als wir fertig sind, kommt gerade die Sonne ums Haus gekrochen. »Noch eine Coke?«, fragt Fred.

Ich schüttle den Kopf. Ich will Brötchen holen

und Zeitungen, für Rob. Wenn ich schon mal vor ihm auf bin.

Als ich vom Kiosk zurückkomme, steht die Dittrich im Vorgarten, mit dem Rücken zur Straße, zwischen den Tomaten vor Freds Fenster. Sie sieht mich nicht, rechnet nicht mit mir. Samstagmorgen, halb neun. Sie kennt unsere Gewohnheiten genau.

Ich räuspere mich, sie fährt zusammen. Inzwischen hat sie eine ihrer Perücken auf. Eichkätzchenrot.

»Wollte nur sehen, ob das Hörgerät vom Herrn Dittrich wieder zwischen den Rosen liegt.« Sie schiebt zwei Sträucher beiseite, schüttelt übertrieben den Kopf. »Nein, nichts«, sagt sie, »nur Unkraut.«

Vif ist sie, die Alte. Zweiundachtzig und nie um eine Antwort verlegen. Aber mich kriegt sie so schnell nicht, ich lasse mich nicht abbringen von der Wahrheit, zu groß die Beulen in ihrem Morgenrock!

Ich zeige auf ihre Taschen.

Als sie kapiert: aufgeflogen, leugnen zwecklos, verschränkt sie die Arme vor der Brust. »Ich hab schließlich dafür bezahlt«, sagt sie, Stimme schrill, laute Rechtschaffenheit. »Wochenlang die Gießerei auf Hauskosten, da darf ich auch mal Tomatencremesuppe kochen!«

Ich lasse sie stehen.

Im Treppenhaus fängt Merle mich ab. Sie drückt mir eine Kaffeetasse in die Hand. »Komm!«, sagt sie. »Ich muss dir was zeigen.« Sie führt mich in ihre Wohnung, wo Arnold in der Küche sitzt und malt, Zunge im Mundwinkel, ein Bild nach dem anderen, der ganze Tisch übersät von seinen Zeichnungen. Immer das gleiche Wesen. Orange, fünf Beine, nein: vier und ein Schwanz, aus dem Kopf wachsen zwei Hörner. Das Wesen schwimmt in einem Kreis aus Blau.

»Und?«, sagt Merle.

Ich weiß nicht, kenne mich nicht aus mit Kindern, was sie erwartet. Komplimente? Überdurchschnittlich begabt kommt mir der Junge nicht vor. Einen Tacken fixiert vielleicht?

Ich hebe fragend die Augenbrauen.

Merle nimmt eins der Bilder. »Schau«, sagt sie und wendet es, »das musste ich bei allen hinten draufschreiben.« Sie reicht mir das Blatt. »Frau Lore Eichhorn«, steht da, schön geschwungene Schreibschrift.

Merle grinst. »Tja«, sagt sie, »manchmal ist der Teufel eben wirklich ein Eichhorn.« Jetzt sehe ich, dass sie fast erstickt, ein Lachanfall, innerlich.

Da weiß ich, dass ich sie mögen werde, Merle. Wer weiß, vielleicht mehr noch, eines Tages, als Zoé.

ENGLISCHER RASEN

Jetzt, wo alle Fenster nachts offen stehen, gefangene Spätsommerhitze unter dem Dach wie ein unruhiges Tier, höre ich genau: Der Zahnarzt aus der 15 schlägt seine Frau. Ich habe es schon ein paarmal gedacht, sicher war ich nicht.

Ich wecke Rob.

»Vielleicht ist es Sex. SM. Zahnärzte sind oft Sadisten«, sagt er, dreht sich wieder in sein Kissen.

»Hitze! Schreie! Und du«, rufe ich, »schläfst seelenruhig?«

Er stöhnt.

»Frag morgen früh Fred, der ist unten im Parterre näher dran an Zindlers; ihr könnt dann immer noch überlegen.«

Kaum fünf Sekunden später atmet er schwer. Schnarchen ist das nicht, dafür ist Rob noch zu jung, zu dünn, aber eine Vorstufe, dieses pfeifende Ansaugen von Luft. Statt ihn zu treten, angle ich mein zerknülltes Schlafshirt vom Boden. Irgendwann nach Mitternacht habe ich es hingeworfen, hellwach.

Nirgends ist Licht. Das Fenster ein Malewitsch, schwarzes Quadrat. Alles scheint zu schlafen, das ganze Viertel, bis auf den einen Hund, der bellt. Die Taschenlampe liegt in der Sockenschublade. Schwacher Schein, der wie aus einer Gießkanne mir vor die Füße tröpfelt, aber besser als nichts. Das Treppenhauslicht kann ich nicht anschalten. Sonst steht die Dittrich gleich auf der Matte. Hört die Regenwürmer husten, die alte Schachtel, wenn es darauf ankommt. Senile Bettflucht.

Ich kenne jede Stufe, die knarzt.

Im Garten ist es zappenduster. Nur ein glühendes Zigarettenende auf Freds Balkon. Brennt ein kleines Loch in die Nacht. Ich pfeife leise unseren Code, kurz, kurz, lang. Als er merkt, dass ich es bin, lässt Fred die Luft aus seinen Backen entweichen.

»Du rauchst schon wieder?«, frage ich.

»Nur heute«, sagt er. »Im Hedwigs rauchen alle, da kann ich nicht anders.«

Ich nicke.

»Zu heiß bei euch oben?«, fragt Fred.

Ich hebe die Schultern, lasse sie wieder fallen. »Auch«, sage ich.

»Komm rauf«, sagt Fred und streckt seine Hand übers Geländer, »ich hol uns was zu trinken.«

Ich nehme die Taschenlampe zwischen die Zähne und schwinge mich mit seiner Hilfe über die Brüstung. Fred verschwindet kurz, kommt mit zwei eiskalten Cokes zurück.

Sommernächte können lauter sein als Stadtlärm. Ledrige Fledermausflügel; trunkene Stechmücken; einzelne, späte Grillen; der Igel, der am Kompost grunzt; Freds Feuerzeug, kaum dass die letzte aufgerauchte Kippe mit einem »Pö-tt-tt« auf den Platten zwischen den Hochbeeten gelandet ist. Wuschhhhhh! Wenn man leise sein will, haut einen sogar das Öffnen einer Coladose um wie Schweißbrennerdröhnen.

Fred hat einen eigenen kleinen Dschungel auf seinem Balkon, rankende Pflanzen an Gittern, Blumenampeln von Haken, die er mit dem Schlagbohrer in der Unterseite von Merles Balkon versenkt hat. Schwarze Silhouetten in der Nacht, Freds gerade Nase, der Bart, Blätter, gefiedert und gezahnt, als wären sie seine Flügel, ein Kamm auf seinem Kopf.

Plötzlich reißt wieder dieses Heulen durch die Nacht. Zindlers, ohne Zweifel, hier hört man es genau.

Fred guckt mich an, ich ihn. »Nicht das erste Mal«, sagt Fred leise. Ich nicke.

»Erst dachte ich: Paula«, sagt er, ohne die Kippe von den Lippen zu nehmen. »Katzenjammern.

Oder der Hund vom Doc. Aber es ist seine Frau.« Fred schüttelt den Kopf. »Seit Tagen macht sie den Garten nicht«, sagt er und schluckt die Kohlensäure wieder runter, die rauswill. »Seit Tagen welken die Rosen.«

»Du hast sie nicht gesehen?«, frage ich.

Er schüttelt den Kopf.

»Unkraut?«

Wieder Kopfschütteln. »Zero.«

Zindlers Garten ist gepflegt. Englischer Rasen, Rosen, drei Sorten Rhododendron. Seit kurzem gehört auch ein Irish Setter zum Bild, tagsüber jedenfalls. An der Sonne flirrt das Fell mit dem Gras um die Wette, Rot und Grün, wie auf einem Pop-Art-Poster. Maggy, die Hündin, mit Stammbaum und Papieren. Vor ein paar Wochen war sie das erste Mal läufig, da musste ich Dr. Zindler zur Hand, vor dem Supermarkt in der Delbystraße. Ein hässlicher Rüde, Promenadenmischung, der versuchte, Maggy zu besteigen. Riesige Erektion, und Maggy war noch nicht sterilisiert. Ich wusste nicht so recht, was tun, merkwürdige Situation mit einem Nachbarn, den man nicht näher kennt, stranger Kerl. Ich half dann doch. Wir hingen beide in der Leine, Zindler und ich, volles Gewicht. Maggy wollte nicht weg. Dumme Töle hat der Zindler sie geschimpft, mit dem Schuh nach ihr getreten.

»Sie jätet seit Tagen nicht, die Frau vom Doc«,

flüstert Fred, »und trotzdem kein Unkraut. Nie. Ich weiß nicht, wie sie es macht.«

In manchen Augustnächten kann man das Gras wachsen hören und die Nachtkerze, drüben am Mäuerchen; ein winziges Zittern, für jedes Blütenblatt, das sie in den samtigen Himmel streckt. Flieger blinken dort oben, kaum Sterne.

»Vielleicht kümmert der Doc sich drum? Nach der Sprechstunde. Zum Relaxen.« Ich schüttle meine Taschenlampe. Endgültig abgesoffen, die Batterien.

»*Never*«, sagt Fred. Sein »rrr« schnurrt wie eine Katze, immer noch Texas, nach all den Jahren.

Paula sitzt im Gras und maunzt.

»Was sollen wir mit ihr machen?«, frage ich.

»Faules Stück«, sagt Fred. »Soll die Katzenleiter rauf, wenn sie reinwill!«

»Ich meine Frau Zindler«, sage ich.

»Oh«, sagt Fred.

Wir stehen auf dem Balkon, lassen die Ohren in die Nacht wachsen.

Ein Wasserwerfer hätte uns nicht härter treffen können als das gleißende Licht, Typ Suchscheinwerfer, Lore Dittrichs Profitaschenlampe. Komplett geblendet, wüssten wir nicht mal, dass sie es ist, Razzia, wäre da nicht diese Stimme, eigentlich zu tief für eine kleine alte Frau:

»Ich hab euch gehört«, sagt sie.

»Lore Dittrik!«, sagt Fred. »Eines Tages erschreckst du mich noch zu Tode!«

Die Alte geht nicht auf ihn ein, leuchtet jetzt direkt in mein Gesicht.

»Na, Doris, was sagt denn dein Rob dazu, wenn du herumturtelst mit Fred, mitten in der Nacht?«

Die Dittrich und ihr Knall, dieses Dauerding mit Fred. Kneift beide Augen fest zusammen, um daran glauben zu können, spätes Glück. Details wie die Gestalt im Garten nebenan entgehen ihr dabei. Aber wir, wir sehen Frau Zindler, Fred und ich. Ein blitzender Gegenstand in ihrer Rechten. Ein langes Messer, Rache!, denke ich, Mord!, wohl einschlägig vorbelastet durch meinen Job.

»Frau Zindler!«, sagt Fred.

Als der wacklige Spotlight die Frau in Nachbars Garten trifft, erkenne ich die Heckenschere in Frau Zindlers Hand.

»Ah, die Frau Doktor! Guten Abend!« Sogar die Dittrich hat jetzt begriffen, dass noch jemand draußen ist in der Augustnacht. »Immer im Einsatz, Frau Doktor. Unkraut schläft nicht und vergeht nicht, gell, Frau Doktor!«

Man *hört* das Lächeln, gebleckte Zähne, auch im Dunkeln.

»Ja, Frau Dittrich, Unkraut …«, sagt Frau Zindler. »Der Hund hat sie hoffentlich nicht geweckt? Jault fast jede Nacht in letzter Zeit …«

»Iwo«, sagt die Dittrich. »Ein anständiger Garten kommt nicht von ungefähr, Frau Zindler, stimmt's? Dranbleiben«, sagt sie, richtet das Licht wieder auf uns, Fred und mich, »immer dranbleiben, Tag und Nacht! Dem Unkraut immer eine Nasenlänge voraus, gell, Frau Zindler.«

Bruchteil einer Sekunde, Lores Lichtschein streift den Zaun, den Rasen drüben, streift ein Veilchen. Auge, kein Beet. Fred hat es auch gesehen, und doch sagen wir nichts, beide nicht, schweigen. Nur dass Fred vor sich hin pfeift. *Roxanne. The Police.*

Fred kann nicht mit am anderen Morgen, aber wäre es mit ihm anders gelaufen auf der Polizeiwache?

»Sie kenn ich doch«, sagt der diensthabende Beamte, ohne aufzusehen, als er meine Daten aufnimmt. Es ist heiß. Mehr als 25 Grad, dabei ist erst halb neun. Der letzte Sommertag in diesem Jahr, hieß es, dann rasche Abkühlung. Herbst.

»Die Gemüsegärtnerin mit dem Fingerknöchelchen! ›Grausiger Fund beim Blumensetzen‹, stimmt's?«

Ein Faxgerät geht auf Empfang. Eine Kaffeemaschine faucht.

»Zucchini«, sage ich. »Es waren Zucchini, keine Blumen.« Im Flur flucht ein Mann im Vollsuff am Arm eines Streifenpolizisten.

»Der Nachbar, den Sie jetzt verdächtigen: War

das nicht der Arzt, der Ihre Aussage gestützt hat, von wegen menschlicher Fingerknochen?«, sagt der Beamte. Im Hintergrund drei Telefone gleichzeitig.

»Ja. Das heißt, nein: nicht Arzt. Zahnarzt«, sage ich und spüre mein Herz im Magen. Ich bin froh, dass er mich nicht nach Details meiner Berufstätigkeit fragt. Schwedenkrimis. Da denkt jeder gleich: Die Phantasie geht mit ihr durch.

»Wir können nicht viel machen«, sagt der Polizist. »Melden Sie sich, wenn Sie wieder was hören sollten. Am besten dann sofort noch in der Nacht.«

»Ist das alles?«, frage ich. »Eine Frau wird Nacht für Nacht verprügelt, und Sie tun nichts?«

»Frau Blum«, sagt der Polizist und gibt dem Kollegen, der seit Minuten versucht, ihn zu unterbrechen, ein Zeichen, dass er gleich fertig ist, »wir hatten heute Nacht eine Schießerei an der Hanauer Landstraße. Zwei Tote. Die können nicht mehr um Hilfe bitten. Im Gegensatz zu Ihrer Nachbarin, Frau Blum. Verstehen Sie?«

Hitze, Piepen, Fax, Mail, Fon. Taglärm. Kein Ohr für Wimmern, kein Auge für Nachtveilchen oder den Horror von Englischem Rasen. *Fuck*, ja: Ich habe verstanden. Ganz genau sogar.

Das nächste Mal lass ich ihn stehen, den Zindler, mit seiner Hündin, verdammter Sack! Straßenköter aller Welt, vereinigt euch, rottet euch zusammen, und dann *Fuck you, Doc, fuck you, Zindler.*

SCHÖNER WOHNEN

Regen prasselt ans Fenster. Der Herbst ist da. Neben unserer Kloschüssel kniet ein Klempner.

»Überputzleitungen, schlecht verlegt. Bei uns würdste keine Mieter kriegen für so was. Bei uns läuft nur topsaniert.«

Ich kann von der Tür aus seine Unterhose sehen; viel mehr, als mir lieb ist.

Natürlich weiß ich: Schöner wohnen ist anders. Niedrige Geschosshöhe, keine Dämmung, Sauna im Sommer, im Winter Sibirien, und wenn man ein Loch bohrt, hat man eine Wanderdüne im Wohnzimmer, weil die Wände mit Sand gefüllt sind, Sand! Herbert, der seit Juni unter uns wohnt, Erikas alte Wohnung, kann nur schlafen, wenn wir dicke Socken tragen. Er ist ein nervöser Typ, menschenscheu. Rob hat Álafoss Lopi besorgt, Direktimport aus Island, eine kleine, familiengeführte Wollmanufaktur mit eigenen Schafen, die Pippa empfohlen hat. Rob strickt gern im Herbst, statt Gartenarbeit.

»Ich glaub es nicht: ein Bad ohne Heizung!« Der Klempner kratzt sich am Rücken. Zwei Handbreit nacktes Fleisch zwischen Shirt und Hosenbund. »Entschuldigung, aber da würd ich Eiswürfel pinkeln im Winter.«

Der Mann soll hier Wasserzähler einbauen, vom Vermieter aus, ratz, fatz, im ganzen Haus, keine Vorträge halten über Wohnqualität.

»Man muss sich eben ordentlich anziehen«, sage ich.

Draußen regnet es seit Tagen. Wenn es nicht bald aufhört, läuft unser Keller voll, ohnehin ein feuchtes, kaltes Loch, in dem alles rasend schnell altert. Beim Einzug lag in unserem Verschlag ein riesiger Schinken von Jorge, unserem Vormieter, auch Architekt, jetzt wieder in Granada; ein kompletter Hinterlauf, eingewickelt in Zeitungspapier, das Datum auf der *El Pais* konnte man gerade noch lesen, dabei war es erst drei Jahre alt; das Fleisch sah aus wie Ötzi. Jorge ist zurück nach Spanien, obwohl es dort keine Jobs gibt. Wenigstens Sonne, hat er gesagt. Die Drübkestraße sei aber völlig okay. Eine komische alte Frau unten und schlechte Elektrokabel. Sonst wirklich gut für den Preis.

Wenn die Spülmaschine läuft und ich den Fön einschalte, macht es Ffffft! Oder Rechner und Staubsauger, immer das Gleiche. Nach dem letzten Blackout hat Rob eine Leitung mit dem Fingernagel freigelegt, einfach Spucke drauf und am Putz gekratzt; statt mit Plastikisolierung war das Kabel mit Butterbrotpapier umwickelt. Butterbrotpapier. Nach Bombentreffern hat man das so gemacht, im Krieg. Verschmorte Kabel aus den Trümmern gezogen und wiederverwendet. Recycling. Wobei man das Wort erst erfunden hat, als die Sache an sich nicht mehr selbstverständlich war, Wiederverwertung.

»Da«, sagt der Klempner und hält einen Wasserzähler hoch, den er aus seinem Koffer gefischt hat. »Billigmodell. Aus Fernost. Kaum gekauft, schon Plastikmüll.« Er stützt sich mit der Hand auf unserer Klobrille ab. »Ihr Vermieter hat die ausgesucht. Nee, nicht einmal geschenkt, so 'n Bad hier!«

Alte graue Fliesen, viele davon geborsten, Risse überall – mag ja alles sein, *ist* sicherlich so, aber lästern darf nur ich! »Bäder sind wie Mütter!«, will ich brüllen. »Wer was über meine sagt, wird rausgeschmissen, Redneck, und für Bad-Bashing gilt das Gleiche!«

Sagen tu ich dann nichts. Jemand muss ja den Wasserzähler noch installieren. Zu viele Kleinteile auf dem Boden für mich, kompliziertes Werkzeug.

Vor dem Fenster hüpft ein Eichhörnchen auf den Zweigen der Tanne herum, klettert kopfüber am Stamm hinunter.

Ob Benno Dittrich, Extremfall, in puncto Mutter auch so empfindlich ist? Die Wohnungstüren hier sind derart schalldurchlässig, dass wir manchmal morgens im Treppenhaus hören, wie die alte Schachtel ihren Sohn zusammenstaucht am Telefon, meistens wegen der Schwiegertochter, zu weich sei er mit ihr, viel zu nachgiebig. Einmal hat Rob sogar mitbekommen, wie die Dittrich sich als Bennos Frau ausgegeben hat, um einen Lieferanten von »Blumenboutique Desirée« anzubrüllen, zu spät geliefert oder was; Benno weiß davon hoffentlich nichts. Ein richtiger Inkasso-Kampfhund, seine Mutter. An ihrer Geburtstagsfeier letztes Jahr hat sie den Ober zum Weinen gebracht. Zweiundachtzig ist sie geworden und hatte zu viel Äppler.

Der Klempner schüttelt den gesenkten Kopf. »Warm- und Kaltwasser getrennt«, sagt er, »wer hätte das gedacht: Einhandhebelmischernotstandsgebiet! Mitten im Westen!«

Die Dittrich und ich sprechen gerade nicht miteinander. Diesmal wegen *Erica*. Nicht die verstorbene Nachbarin von unter uns, das Heidekraut. Die Dittrich hat eine Palette davon im Großhandel erstanden zu 12,99, und ich will sie einfach nicht in unserem Garten haben. Zu spießig. Im Frühjahr schon ihre Stiefmütterchen. Fred hat sie vorne neben unsere Kräuter gesetzt, weil er es urkomisch fand: ausgerechnet Stiefmütterchen. »Lass sie doch, die alte Schaktel«, hat er gesagt, »sie liebt eben *Pansies.*« *Pansy* = Stiefmütterchen *und* Schwuchtel auf

Amerikanisch. Fred hat mir das erklärt. Er ist ein großartiges Lexikon. Schade nur, kein Schwede.

Der Klempner nimmt einen Schraubenzieher in die Hand und klopft mit der Schneide auf eine Macke in einer Fliese.

»Wo ich herkomme: unvermietbar, so was.« Er schaut mich an, zum ersten Mal Auge in Auge. Ich halte es aus, sage nichts. Schließlich knickt er ein: »Sachsen übrigens, wenn Sie mich so direkt fragen. Erzgebirge Aue.«

Er beginnt Ost-Güter aufzuzählen, die zu DDR-Zeiten in den Westen exportiert wurden. »Alles Made in GDR, ohne dass ihr das gewusst hättet! Schuhe. Optik. Salöde, die schönsten Göpfe … und wir, wir ham gekriegt, was die Schnecken übriggelassen ham.«

»An unseren Salat gehen auch die Schnecken«, sage ich, froh, ein neues Thema gefunden zu haben, unvermintes Terrain. »Wir betreiben einen Urban Garden hinten im Hof, vorne raus haben wir auch ein paar Beete. Pflücksalat, Tomaten. Alles bio. Ein Gemeinschaftsprojekt.«

»Kenn ich.« Der Klempner nickt. »Kolchose.« Er zündet, ohne zu fragen, eine Zigarette an, streckt mir die Schachtel hin, damit ich lesen kann. »Cabinet extra«, sagt er durch die Nase, »früher Volkseigener Betrieb Nordhausen«.

Gleich wird er eine Flasche Schnaps auspacken,

Henkelmann mit Soljanka, Brüder, zur Sonne! Da klingelt es. Zweimal kurz, einmal lang. Code für: Fred, unten am Tor. Meine Rettung.

Das Emblem auf dem Brief in Freds Hand kenne ich. Eine Art Wappen. Malen nach Zahlen. Unser Vermieter ist Zahnarzt. Ein Kollege von Zindler. Hätte gerne blaues Blut, einen echten Siegelring; an seinem Finger steckt einer, der schreit: Fake!, Kaugummiautomat.

Fred zeigt auf eine Zeile, Kippe zwischen den Lippen.

»Er will mehr Geld nach den ›laufenden Modernisierungsarbeiten‹.« Fred kämmt sich mit der freien Hand durch den Bart. »Brauche ich eine Übersetzung? Meint er im Ernst die neuen Wasserzähler?« Er fischt eine Zigarette aus der Brusttasche seines Holzfällerhemdes, merkt, dass ihm schon eine im Mund steckt, lässt die Packung wieder zurückgleiten.

Ich reiße unser Kuvert auf, Robert Plöger, Dorothea Blum, lese halblaut vor: »Sehr geehrter … Miete weit unter Schnitt, vgl. Mietspiegel, Baujahr nach 1975 …«

Fred nickt. Er sieht bekümmert aus.

Ich möchte ihn schütteln. »Fred!«, sage ich. »Wach auf! Damit kriegen wir ihn!«

»Wir kriegen ihn?«, fragt Fred. »Wie?«

»Na, ganz falsche Basis!«, sage ich. »Falsches Jahrzehnt. Für moderne Wohnungen können die mehr kassieren als für alte. Bessere Substanz, Ausstattung, Komfort, verstehst du?«

»Nein«, sagt Fred.

Ich versuch es noch mal. »Schau dir unser Haus mal an. Ziemlich abgehalftert, seien wir ehrlich, oder? Ich weiß nicht, wann es gebaut wurde, aber sicher nicht nach 1975. Und vor 1975 ist praktisch Altbau. Nicht Altbau-Altbau, hohe Decken, Stuck, Parkett, was jeder will, aber eben lange kein Neubau mehr, attraktiv.«

Verdammt, Fred schaut, als hätte ich ihm Schnecken in den Salat gesetzt. Vor 1975 = Jenseits. So war das nicht gemeint, Immobilienkriterien auf Menschen übertragen! Seit seinem Fünfundvierzigsten im Juni hängt Fred fett im Midlife-Mindfuck. Falten, Krampfadern, kein Wohneigentum. Mist! Musste ausgerechnet ich ihm neues Futter geben, meinem besten Freund? Ich schaue mich um. Dittrichs Rosen. Vorsichtig breche ich eine ab.

»Lass mich nur machen«, sage ich, als ich ihm die Blume ins Hemd stecke, Knopfloch oben am Kragen. »Um die Mieterhöhung kümmere ich mich. Zwei Semester Jura, nicht umsonst. Außerdem hab ich schon jemanden an der Hand. Eine Art Gutachter.«

Der Klempner wirft seine Kippe in die Kloschüssel. Klar, das Mindestalter eines Hauses bestimmen auf Grund der Sanitärinstallationen könne man wohl, aber er wolle keinen Ärger mit seinem Auftraggeber. Bei ihm zu Hause gebe es zwar tolle Wohnungen aber leider keine Jobs. Null.

»Ihr habt es doch schön hier«, sagt er. »Gärtchen, Blick ins Grüne, ein Schippel Skyline sogar.«

Der Klempner ein Fähnchen im Wind, plötzlich alles toll hier, muss ich eben selber aktiv werden. Trotz Regen raus. Ins Stadtarchiv. Man kennt mich dort, Vorrecherchen zu einem Buch, einem eigenen; ich dachte mal daran, einen Krimi zu schreiben, einen mit Lokalkolorit.

Natürlich, ich hätte das Dossier zur Drübkestraße, sorgfältig kopiert und abgeheftet, auch direkt an den Vermieter schicken können. Antrag auf Erschließung 1927, Baubeginn 1929, Bombentreffer März 1945, Wiederaufbau noch im selben Jahr. Ich habe mich für den indirekten Weg entschieden. Ein soziales Experiment, ein klein wenig Rache auch am Vermieter, tumber Versuch, uns so übers Ohr zu hauen.

Ich habe die Mappe der Dittrich vor die Tür gelegt. Gleich am Abend noch, als ich wusste: Tagesschau, die kommt so schnell nicht raus.

Und siehe da: Mein Plan ist aufgegangen. Rob hat gerade angerufen aus dem Büro. Er hat Lore morgens gehört, im Treppenhaus, wie sie den Vermieter angeschissen hat. Dittrich Inkasso, Ihr Partner fürs Grobe.

Das muss gefeiert werden! Mit Sibel, die hat heute frei, Urlaub, weil sie packen will für den Umzug, jetzt also doch. Als ich die Tür aufmache, um rüberzugehen, stolpere ich über die fetteste Pralinenschachtel, mitten auf dem Fußabstreifer. Auf der Banderole steht: »25 Jahre Blumenboutique Désirée. Wir danken für Ihre Treue!« Ich drehe die Packung um. Mindestens haltbar bis 20.03.2008. Ich verstehe trotzdem, was sie sagen will, Lore: Dittrich Inkasso freut sich auf weitere Zusammenarbeit.

Sibel ist gerade dabei, das Geschirr in Zeitung zu wickeln; Zeit für Kaffee hat sie trotzdem. Als wir am Tisch sitzen, sie mit Zigarette, zeige ich ihr die Pralinen. Sibel schnaubt auf.

»Oh Mann«, sagt sie. »Alte Schachtel! So was erlebst du auch nur hier im Haus.«

»Ja«, sage ich und nicke. »Schon auch *SCHÖNER WOHNEN* hier, nur eben anders.«

GECKO

Fred und ich sitzen in seiner Küche, planen Krankenbesuche, Füttereinsätze. René hat sich die Arme gebrochen, Entrümpelungswochenende bei uns, Waschküche, nicht mal seine eigene. Rostige Kessel, Wäscheschleudern raus, ein Lagerregal rein, für unsere Weckgläser. Jetzt im Herbst die vollen; über die langen Wintermonate, den Frühling müssen dann ja auch die leeren gelagert werden. Die eingelegten Kürbisblüten haben wir allerdings schon entsorgt, weil sie grau geworden sind. Aber vom Zucchinichutney, Zucchinirelish, den grünen Tomaten, Ketchup und den sauren Bohnen ist noch massenhaft da. Nächste Woche kommt der restliche Kürbis dazu. Für Vorratshaltung ist in unseren Großstadtwohnungen kein Platz. Ein Gemeinschaftskeller passt auch besser zum Urban Gardening als ein Einzelküchenkleinklein.

René wollte uns das Regal für einen besseren Stand an die Decke dübeln. Selber stand er nicht sicher, rutschige Stufen oder Schuhe, jedenfalls Blut im Keller, Platzwunden, ein Meer aus Plastikhandschuhen, Sanitäter mit Mundschutz, Blaulicht, Klinik. Im Alltag ist es egal, dass René positiv ist, zwanzig Jahre schon, bei einem Unfall wird plötzlich ein Riesending daraus. Jetzt liegt er im Bethanien, und seine Tiere sind allein zu Haus in der Hanauer Landstraße.

Zwei Dutzend Katzen und in der Küche ein Gecko. Alle brauchen was zu essen. Dringend. Nach mehr als zwei Tagen müssen sie ausgehungert sein.

Für heute habe ich mich zum Fütterdienst gemeldet. Das heißt, eigentlich war es umgekehrt: Die anderen haben die Hände hoch geworfen und laut geschrien: »Deadline!«, Sibel, Rob, Zeus, Merle, als es darum ging, wer wann hilft. Sibel war am lautesten. Der Zindler-Hack hätte sie in ihrem Zeitplan zurückgeworfen, behauptete sie und schaute mich an dabei, als wäre es allein meine Idee gewesen, der gefakte Werbebanner auf der Praxis-Website: SM-Studio Svetlana – wo Schmerzen geil sind.

Nur die Dittrich hat sich freiwillig gemeldet, aber die will Fred nicht allein in Renés Wohnung lassen. *Curiosity killed the* cat, Lore Dittrik, hat er gesagt. Die Dittrich versteht nicht viel Englisch. *Meow.*

Fred reicht mir Renés Schlüsselbund, schöne alte Schlüssel, lange Bärte. Ich habe Zeit. Nichts fällig bei mir diesen Monat. Abgesehen von meinen Tagen. Eine knappe Woche bin ich drüber, noch im Rahmen. Hoffe ich. Die Natur ist kein Aufziehmechanismus, der Körper kein Kalender. Man lernt viel von einem Garten.

Fred gähnt. Er hat eine Nachtschicht gemacht, irgendein Paper musste fertig werden für die *Industrial Engineering*. Ich habe einen Topf Mango-Kürbissuppe mitgebracht. Lunch. »Gut gegen Dauerregen«, sage ich »Orange. Antidot gegen das Grau.«

Aber Fred trinkt lieber eine Coke, macht sich eine Dose *Baked Beans* auf. *Texan Breakfast*, nennt er das. Nach einer kurzen Nacht gehört auch eine Zigarette dazu.

»Zieh dir lange Sachen an, wenn du in die Wohnung gehst. Jeans. Boots. Windbreaker.« Fred löffelt die Bohnen kalt aus der Büchse. »René ist seit mehr als achtundvierzig Stunden weg. Die Katzen haben Hunger. Und Gordon, der Gecko, hat superscharfe Krallen.«

»*Gordon*, der Gecko«, sage ich. Auf Englisch klingt sogar ein Haustierinventar wie ein Bandname. *Ladies and gentlemen – Gordon Gecko and the 1000 Cats*.

Keine einzige Katze drängt sich durch die Tür, als ich aufschließe. Ich spüre sie trotzdem. Präsenz. Überall leise Bewegung, Rascheln, Fauchen, Maunzen. Viele Körper. Wärme. Es riecht nach Dosenfutter, Trockenfutter, Katzenklo. Die Luft ist dick von Staub, Haaren. Zu viele Tiere, tausend Katzen, sogar für eine unverschämt große Altbauwohnung, Stuck an der Decke, schöner Holzboden. In Renés Flur könnte man Discoroller fahren, würde man nicht das Fischgrätparkett zerkratzen.

Natürlich sind es keine tausend Katzen. Schau bei René unter die Couch und genau 47 Augen leuchten dich an. Der Fairness halber muss man sagen: Das einzelne Auge ist kein Ergebnis seiner Freakzüchtung; die Katze – *Chattanooga,* eine rot-weiß gestreifte Tigerin – hatte mal wie von der Natur vorgesehen zwei. Leider nur null Distanzempfinden. Sie muss dem Gecko in die Quere gekommen sein, als René mal auf *Grande Tour* war zum *Christopher Street Day* oder so. *Hedwigs, Ein Schiff namens Wanda, Hexxagon.* Nach ein paar Tagen endlich wieder zu Hause, noch nicht ganz nüchtern, starrte ihm im dunklen Flur ein einzelnes Auge entgegen, vorwurfsvoll, ohne zu blinzeln. Ein Büschel Haar im Terrarium auf der Küchentheke. Seither lässt Chattanooga sich nicht mal mehr mit frischer Leber in die Küche locken, macht einen Buckel, stachelt ihr Fell, wenn sie nur an der Tür vorbeimuss. René ist nach der Blendung ein paar Tage lang nicht mehr ausgegangen; schlechtes Gewissen. Hat bei sich zu Hause ein, zwei Bier getrunken. Wie immer aus Dosen, wegen des Tempelportals, das er am Kopfende seines Bettes baut. Ein Langzeit-DIY-Projekt. Sechs leere Dosen im Kreis als Fundament, weitere immer in Ringen übereinandergestapelt, bis die Säule unter die Zimmerdecke reicht; dann wird sie weiß gesprayt. Drei raumhohe Büchsentürme hat er schon. René ist Kleinasien-Fan. Deswegen mag er auch Zeus, und fast alle seiner Katzen sind nach Figuren oder Schauplätzen der griechischen Sagenwelt benannt. Aus Chattanooga wurde trotzdem nicht *Zyklop*. Dabei hätte das gepasst wie die Faust aufs eine Auge. Warum sie überhaupt Chattanooga heißt, weiß kein Mensch. Fred vermutet einen Exlover mit Vorliebe für Bigband-Swing, fragt aber nicht. Klar ist: Die Katze ist Renés Liebling, durfte schon vor dem Gecko-Bodycheck manchmal mit ins *Hedwigs*. Barkeeper Wilma stellt Snackschälchen mit Trockenfutter auf den Tresen, und DJ Gloria legt Angelika Milster auf: *Memories,* aus *Cats*. Chattanooga sitzt im Hedwigs immer auf dem gleichen Hocker, direkt an der Bar, neben der verspiegelten Wand. Ein Gewohnheitstier. Extrem territorial. Wenn sich mal einer irrtümlich aus ihrem Schälchen bedient, fährt sie sofort die Krallen aus.

Wegen ihr, sagt Fred, hat er René damals, vor fünf Jahren, überhaupt nur angesprochen. Eine schnelle Rum Cola nach Dienstschluss, und da saß diese Katze auf dem Barhocker. Selbst im Hedwigs ein echter

Hingucker. Und da hatte Chattanooga noch beide Augen. Fred sagte: »Cool Cat.« Das reichte.

Renés Flur ist fensterlos. Schmale Streifen staubiges Licht fallen durch Zimmertüren, die einen Spalt nur offen stehen, katzenkopfbreit. Dielen knarzen, Nackenhaare stellen sich auf. Ich ziehe die nasse Kapuze über, der Schirm fällt mir aus der Hand, ein Knall, der einem in die Knochen fährt. Wie auf Kommando schwingt die Wohnzimmertür auf, eine Lawine aus Fell stürzt auf mich ein, rollt über den Boden, gestreift, gescheckt, unzählige Beine und Schwänze, ein Knäuel verworrener Wolle, rot und grau. Ich schlage die Hände vors Gesicht. Uralter Instinkt, Reptiliengehirn. Alles gefriert, Muskeln, Atem. Herz. Dann reiben die ersten Köpfe an meinen Knien, ein Schnurren und Maunzen, Wärme und Weichheit kehren zurück in meinen Körper. Ich lasse mich auf den Boden sinken, zwischen die Tiere, die sich überschlagen, jede will, den Bauch gebleckt, als Erste unter meinen streichelnden Händen liegen. Keine Wunden, Schorf; Augen, Ohren, alles noch dran. Sie sehen nicht mal besonders hungrig aus. Ich begrüße Daedalus, Didymos, Agamemnon, Calypso, Daphnis und Chloé, Chattanooga, alle Katzen, bis mir der Puls nicht mehr unter der Zunge schlägt. Nerven, hormonell zerrüttet. PMS macht aus den süßesten Kätzchen Monster.

Ich hänge meine Jacke an Renés stummen Diener.

Die süßen Katzen!

»Auf zur Raubtierfütterung, Tiger!« Diese Stimme, die kaum einer kennt. Meine Katzenstimme, kleine Kinderstimme.

In einer komplizierten Choreographie fädeln sich Chattanooga und die anderen auf dem Weg zur Küche zwischen meinen Beinen durch.

Plonk! Chattanooga landet auf der Theke. Schnurrend wie ein Mofa streicht sie am Terrarium entlang, springt am anderen Ende wieder runter, presst sich, schwingende Hüften, Schwanz in der Luft, an mir vorbei durch die Tür in den Flur.

Da sehe ich hinter der Glasscheibe den unmöglichen Winkel von Gordon. Kopf zu Körper ganz unnatürlich. Der Gecko liegt da, Rippen nicht sauber abgenagt, Fasern, Muskeln, Sehnen, wie eine Gans an Heiligabend, zu groß für die Familie, satt schon von den Beilagen, Mutter, Vater, Kind.

Die Übelkeit ist schneller als ich.

Übermorgen darf René nach Hause. Vierundzwanzig Katzen und kein Gecko. Ich muss es ihm sagen. Die Krankenhaustür ist schwer, ich lehne meine Schulter, mein ganzes Gewicht dagegen. René liegt am Fenster, beide Arme in Gips. Als er mich sieht, winkt er mit dem Fuß. Auf dem Schwenktischchen über seinem Bauch eine rote Dose, in der ein langer Strohhalm steckt. Fred ist also schon da gewesen. Ich hebe eine Augenbraue, René lüpft die Schultern ein paar Millimeter aus dem Gips.

»*Ce la vie*«, sagt er. »Fressen und gefressen werden. Das Terrarium und die UV-Lampe kann ich weiterverwenden.« Er schielt zum zweiten Mann in seinem Zimmer, senkt die Stimme. »Mein Homegrown. Joint Venture. Höhö. Nur für den Eigenverbrauch, versteht sich …« Dann nimmt er einen Schluck aus dem Röhrchen. Auf dem Tisch liegt ein fetter schwarzer Edding. »Da«, sagt René, zeigt mit seinem Kinn darauf, »nimm mal den Stift und schreib!«

Ich reiße die Kappe ab, René diktiert: »Gordon – RIP«.

Von René kann man eine Menge lernen. Positiv, mit zwanzig Jahren Übung.

NAH AM WASSER

Es ist still in der Wohnung, seit Sibel nicht mehr nebenan wohnt. Herbstregen an den Gaubenfenstern. Sonst war es manchmal sie, die geklopft hat. Hat doch Ernst gemacht: Vor zwei Wochen ist sie zu Zeus gezogen. Hätte keiner gedacht.

Nicht mal die Hornissen sind mehr da.

Mit dem Arbeiten will es trotzdem nicht klappen. Stille kann störender sein als Lärm, wenn einem der Verlag im Nacken sitzt. Neuer Auftrag, wieder ein Krimi.

Vielleicht ist die Neue ja gut im Garten? Neyla heißt sie, sagt Sibel, schreibt gerade an ihrer Dissertation. Eine Biologin. Gute Voraussetzungen. Wer weiß, vielleicht ist sie sogar Botanikerin. Jedenfalls muss sie winzig sein. Gesehen hab ich sie noch nicht, aber ihre Schuhe, die vor der Wohnungstür stehen, würden einer Sechsjährigen passen.

Sibel hat nur kurz geklingelt zum Abschied, Kippe im Mund. Uns war beiden daran gelegen, das

Ganze unsentimental zu halten, ein Nicken, Zwinkern auf dem Treppenabsatz. Wir sind sonst beide nicht so: nah am Wasser gebaut. Dann war Sibel, weil das Exhalieren immer noch nicht gut funktioniert, Rauch ins Auge gekommen. Irgendwas stimmt nicht mit der neuen Nase. Bei mir war es das Dauer-PMS. Massiv hormonell, langsam frage ich mich wirklich.

Während wir dort standen, versuchten, nicht zu weinen, schleppte Zeus keuchend die letzten Kartons die Treppe runter. Und Sibel im blütenweißen T-Shirt. Weiß zum Umzug. Kurze Ärmel im Herbst. Ich wickelte meine Wolljacke enger.

»Soll ich helfen?«, habe ich noch gefragt. Zeus sah ziemlich müde aus, aber Sibel winkte ab, sichtbarer Bizeps bei jeder Bewegung. Sie trainiert neuerdings in einem Studio, glaubt an die unendliche Formbarkeit des menschlichen Körpers.

»Bist ein Schatz«, sagte sie. »Aber er macht das schon alleine.« Wir standen uns gegenüber, ich drinnen, sie draußen. Wenn sie lächelt – nicht lacht, lächelt –, sieht sie fast schüchtern aus. Weich.

»Zu viele Köche verderben den Brei«, schallte es von unten herauf.

Sibel sagte noch, irgendwie bliebe sie ja doch auch wohnen bei uns im Haus, weil auf dem Klingelschild unten jetzt zwei Namen stünden: Aygül/

Khoudja, damit ihre Eltern nichts merken. Wobei die auch Dimitriadis irgendwann schlucken würden, bin ich überzeugt. Seit der Hochzeit letzten Dezember sprechen die Aygüls ja auch wieder mit Aynur, Sibels Schwester. Sie lieben das Reihenendhaus, in dem sie jetzt wohnt, den Schwiegersohn. Kind, Mann, SUV. Aynur hat Wirtschaftsrecht studiert. Hoffnungslos überassimiliert.

Sibels Möbel und die Waschmaschine bleiben in der Drübkestraße, für Neyla zur Nutzung und falls Kontrollbesuche kommen; die Waschmaschine war ein Geschenk von Sibels Eltern zum Diplom. Im Haus sind alle gebrieft: Kein freudiges »Sibel! Wie geht's in der neuen Wohnung?«, wenn wir sie mit den Aygüls treffen. Nur der Dittrich hat Sibel nichts gesagt. Aber die bleibt ohnehin nicht stehen auf einen Schwatz, wenn sie in der Unterzahl ist, der einzig rote Kopf zwischen schwarzen. »Südländer«! Pah!

Mal sehen, vielleicht ist die alte Schachtel zu Neyla netter. Ich hab ihr schon mal gesteckt, dass die Neue gerade den Doktor macht. Wahrscheinlich kommt sie ihr jetzt jeden zweiten Tag mit Blasenkatharr, Hühneraugen.

Neyla sitzt auf Robs Platz im Wohnzimmer und macht große Augen. »Man hört ja wirklich alles!«, sagt sie.

Bei fünf habe ich aufgehört mitzuzählen, wie viele Löffel Zucker sie in ihre Tasse rührt. Sie ist rübergekommen auf einen Kaffee, etwas Ruhe. Neyla ist winzig klein und wunderschön. Der Kopf voller schwarzer Minilocken.

»Die Wände zwischen unseren Wohnungen sind aus Papier«, sage ich. »Wenn es bei euch leise ist, hört ihr meinen Laptop klackern.«

Manchmal ist es wirklich so: *life imitates lies.* Hat nicht mal lang gedauert, drei, vier Tage, und aus Sibels alter Wohnung ist wirklich eine WG geworden. Plötzlich, an einem Abend letzte Woche, standen Neylas Schwestern vor der Tür. Ausgesetzt von den Eltern, mit Koffern und Taschen und Essensvorräten für ein ganzes Jahr. Seither liegen also auf dem Treppenabsatz Schuhe in drei verschiedenen Größen wie russische Schachtelpuppen. Drei Schwestern auf dreißig Quadratmetern. Sobald mehr als eine von ihnen zu Hause ist, wird gestritten.

Was jetzt wieder los ist, verstehe ich nicht. Nur vereinzelt fallen Wörter auf Deutsch oder Englisch. Scheiße, Waschmaschine, Hausmeister, Speeddating.

»Sibels Waschmaschine ist kaputtgegangen«, erklärt Neyla. »Wir haben vorhin die neue geliefert gekriegt. Zeus will sie später anschließen. Gerade hat Esra, meine große Schwester, gesagt: Siehst du, in einen Haushalt gehört ein Mann! Noura hat geantwortet, für Männer habe Esra schon zu viel Geld ausgegeben. Bei der nächsten Bestellung solle sie eine Großpackung nehmen. Das ist der Streit.«

»Bestellung?«, frage ich, »Großpackung?«

»Deshalb haben unsere Eltern sie hergebracht«, sagt Neyla. »Esra soll ich davon abhalten, sich wieder übers Internet zu verloben. Drei Männern hat sie schon Geld geschickt für den Flug. Gekommen ist keiner. Meine Eltern haben keine Ahnung von Computern; sie glauben, Esras Problem lässt sich technisch lösen, ich soll mich darum kümmern.« Weil Neyla Stipendiatin der Studienstiftung des Deutschen Volkes war, glauben die Eltern, sie sei eine Art Universalgenie, könne alles richten, auch zwischenmenschlich.

Neyla nimmt einen Schluck Kaffee. »Esra wird vor unerfüllter Liebe immer dünner. Noura dagegen soll hier endlich zwanzig Kilo abnehmen und den Hauptschulabschluss machen. Viermal hat sie ihn schon verpatzt zu Hause. Kein technisches Problem, das Problem liegt hier.« Neyla tippt sich an die Stirn. »Sie haben einen an der Klatsche. Alle beide.«

Im Prinzip seien sie wie eine Familie in einer billigen Sitcom, ihre Schwestern und sie, sagt Neyla. Am Reißbrett zusammengekloppt. Dick, doof, dünn, klein, klug. Maximal verschieden, Identifikationsfläche, für jeden was dabei.

»Klar«, sage ich. »Publikum ist schon mal da. Rob und ich jedenfalls«, sage ich, »wir sind immer dabei.«

»Ich habe es satt, den Wachhund zu spielen.« Neylas Locken sprühen Funken, wenn sie sich ärgert. »Wir streiten hier noch mehr als sonst«, sagt sie. »Irgendwas ist mit dieser Wohnung. Schlechtes Karma.«

Rumpeln, Poltern, Fluchen, wie auf Kommando. Dielenboden und Wände beben. Schritte, schnell und schwer, jemand tritt gegen unsere Tür. Wir springen auf, Neyla und ich. Jemand klingelt Sturm. Ich öffne. Auf der Schwelle stehen tropfend und zitternd die beiden Schwestern.

»Wasser!«, rufen sie. »Wasser!« Sie ziehen uns rüber in die andere Wohnung. Sofort sind meine Socken nass.

»Die neue Waschmaschine ist kaputt!«, sagt Noura und schiebt uns ins Bad.

»Überall Wasser!«, schluchzt Esra. »Wir brauchen einen Mann!«

Jedes Mal, wenn der tanzende Waschmaschinenschlauch in ihre Richtung kommt, macht Noura einen Satz, erstaunlich behende für ihre Gestalt. Esra neben dem Klo lässt ihren Tränen freien Lauf. Noch mehr Wasser für den Boden.

»Wir wollten dich überraschen, Neyla«, schluchzt sie. »Den Anschluss selber machen. Und jetzt ist die neue Waschmaschine kaputt! Wir brauchen einen Mann!«

»Wir brauchen eine neue Maschine. Ein Mann macht nur noch mehr Wäsche!«, sagt Noura.

Neyla springt in die Grätsche, dreht am Zulauf in der Wand. Die Schlange bäumt sich noch einmal auf, Neyla hat falsch rum gedreht in der Hektik, dann zuckt der Schlauch nur noch schwach, bleibt bezwungen am Boden liegen.

»Warum habt ihr das Wasser nicht abgedreht, bevor ihr die Maschinen ausgetauscht habt!« Neyla, jetzt auch klatschnass, hat richtig langes Haar ohne Locken.

»Oh«, sagt Esra.

»Wasser?«, fragt Noura immer noch außer Atem von der Anstrengung. Seilspringen.

»Wasser! Das Zeug zum Waschen! Du erinnerst dich?« Neyla ist entnervt. Auf ihren nackten Unterarmen kräuselt sich Gänsehaut.

»Es sei denn Trockenreinigung«, sage ich.

Noura nickt. »Genau«, sagt sie. »Trockenreinigung!« Ihr dicker Kajal ist total verlaufen. Augen wie Alice Cooper. Esra gibt ihr einen Knuff.

»Nie drüber nachgedacht, wie das Wasser in die Maschine kommt?« Neyla wartet auf eine Antwort.

Noura grunzt. »Wasser in die Maschine? Das Einzige, was Esra denkt: Wie kommen neue Männer ins Land?«

»Immerhin hab ich einen Schulabschluss!«, faucht Esra zurück.

Noura boxt sie in den Arm. Ein klassischer Links-Ausleger.

»Genies, alle beide!«, ruft Neyla. »Holt mir lieber Nachschub für den Boden!«

Sie pflückt Handtücher von den Haken und Stangen an der Wand und lässt sie in die Pfützen fallen. Esra bleibt leise weinend in der Ecke stehen, während Noura sich schnaufend auf die Suche macht.

Kurz darauf schleppt sie einen Stapel frischer T-Shirts an, streut sie aus wie Saatgut.

»Mit der neuen Maschine sind die schnell wieder trocken!«, sagt sie.

Die drei Schwestern haben uns Abendessen vorbeigebracht, eine Tajine. Sie sind wahnsinnig dankbar, weil Rob ihnen die Maschine angeschlossen hat. Zeus hätte es nicht geschafft heute, Beziehungskrise wieder mal, Sibel und er.

Unsere Wohnung duftet nach Koriander, Ingwer, Fenchel, Muskat, Nelke, Anis, Zimt und Quitte. Sibel hat nie gekocht, nur mal Salat oder Weinblätter. Ich vermisse sie trotzdem. Sogar den Rauch im Flur, in den Augen. Neyla will wissen, wie sie sich revanchieren können, ihre Schwestern und sie. Wir erzählen von unserem Gartenprojekt.

»Okay, gebongt, wir gießen im Sommer«, sagt Neyla.

Esra nickt. »Ein Mann wäre besser, kräftige Arme!«

»Ja«, sagt Noura. »Wasser: auch gut zum Gießen.«

Ich sage: »Im Herbst gibt es auch reichlich zu tun …«, aber keiner hört mir zu.

ZYKLUS

Gartenarbeit im Herbst ist zerstörerisch. Fred und ich knien mit rauhen Händen im Beet und reißen Pflanzen aus. Geschossener Salat, Zucchini, Gurke; alle Einjährigen. Dünne, trockene Stiele, die sich mit ihrem Wurzelgeflecht in die Erde krallen. Auch die Tomaten vorne müssen gehen, obwohl sie noch tragen. Die harten grünen Beeren werden nichts mehr; wie soll die Sonne, selber blass, sie rot kriegen, reif?

Auf der Birke schimpft eine Krähe: »Er raucht! Er raucht!« Fred zuckt zusammen, dreht sich um. Atem hängt ihm vor dem Gesicht, eine Wolke. Es riecht nach nassem Laub.

Damit noch etwas bleibt vom Beet außer Loch, schütteln wir die klobigen Pflanzenfüße aus wie Regenschirme. Dreck spritzt mir in die Augen. Wo sie aufgebrochen wurde, muss die nackte Erde sanft wieder zusammengeschoben werden. Löcher zu, Ruhelage.

Ich mag den Herbst nicht. Schwedenkrimigefühl. Skåne.

Mein Knie meldet etwas Hartes, Druck unter dem braunen Kissen. Mit der Hand ertaste ich zwei Walnusshälften, scharfe Kanten, achtlos geknackt. Ich klaube die Schalen hervor, werfe sie zum Grünschnitt. Fred lagert die Kissen unter seinem Balkon im Halbparterre. Ein Spinneneldorado. An meiner Hose klebt ein wattiges Nest, wie rausgequollene Füllung. Feuchte Kälte kriecht durch meine Jacke. Freds Holzfällerhemd *du jour* hat immerhin ein Futter. Teddyplüsch.

Das Umgraben lassen wir sein. Anfangs hatten wir uns von der Dittrich reinreden lassen. Ein ordentlicher Gärtner gräbt um! Vor der Aussaat und noch einmal im Herbst! Wenn schon Gemüse in der Stadt, dann richtig! Dabei bringt das Umgraben Bodenflora und -fauna aus dem Lot. Zehn Milliarden winzigste Pflanzen und Tiere in einem Liter Erde, eine Eins mit zehn Nullen. Mehr, als es Menschen gibt. Wenn man ihre Welt auf den Kopf stellt, sterben viele einfach ab, Einzeller, Algen, Strahlenpilze, Milben, Insekten, Regenwürmer. *Edaphon* heißt die Gesamtheit dieser winzigsten Lebewesen, ein Name viel zu laut für solche Winzlinge. Der Garten braucht sie zum Wachsen und Gedeihen.

Vor der Aussaat im März werden wir den Boden mit dem Sauzahn auflockern, tiefgründig, ohne umwälzen. Ein Rautenmuster soll ins Beet. Querbahnen und Längsbahnen in einem Abstand von zwanzig Zentimetern, hat der Mann von der Gärtnerei gesagt.

Wir haben die Keimlinge beobachtet, haben die Köpfchen gezählt in den selbstgerollten Anzuchttöpfen aus Zeitung. Wir haben unsere Urlaube abgestimmt, mehrmals am Tag gegossen den heißen Sommer lang.

Jetzt nimmt Fred die Gartenschere, schneidet alles klein, was wir schon raushaben. Ein richtiger Haufen. Abschiede sind mir immer schon schwergefallen. Der Grünschnitt kommt auf den Kompost.

Die Haut über dem ersten Gelenk am Zeigefinger ist mir aufgesprungen. Für die nächste Saison kaufe ich Arbeitshandschuhe, egal wie spießig.

Als Rob plötzlich hinter uns steht, Werktag, weiß ich, dass etwas nicht stimmt. Im Winterhalbjahr sehen wir uns selten bei Tageslicht, nur am Wochenende eigentlich. Im Dunkeln ins Büro, im Dunkeln heim. Architektenschicksal. Er hat einen Spaten geschultert. Bevor ich etwas sagen kann, tritt er das Blatt in den Boden – viel zu tief! –, hebelt es raus, wirft Dreck mitten rein ins abgeräumte Kürbisbeet.

Ich lasse ihn umgraben, und auch Fred muss bemerkt haben: Robs Augen sind gerötet, denn er stoppt ihn nicht. Zweimal arbeitet Rob sich durchs

Beet, bevor er die Jacke aufreißt und redet. Bauherr bankrott, Millionenprojekt geplatzt. Robs Chef ist so gut wie pleite, Rob ab Februar ohne Job. Länger reichen die Rücklagen voraussichtlich nicht von StudioArch. Ausgerechnet jetzt. Mir wird flau.

»Sag, wer wirft denn den Müll immer in unseren Garten?« Die Dittrich hat einen Geierradar, ein feines Sensorium für das Unglück anderer. Klackernde Absätze auf Waschbetonplatten, goldene Peep-toes, ein Parka in Pink. Schwer stöhnend bückt sie sich nach Nussschalen, von denen wirklich viele herumliegen neuerdings in unserem Garten, fängt man erst an sie zu bemerken; kein Nussbaum in Sicht.

»Das waren doch die Neuen von Sibel oben, kannste Gift drauf nehmen. Südländer kauen immer auf Kernen herum, lassen die Schalen fallen, wo sie gehen und stehen.« Sie schüttelt den Kopf. Ohrringe klimpern. Alles ist zu laut an ihr, zu viel. Wenn ich den Tränen nahe bin, kann ich die Dittrich kaum ertragen.

Ich lasse den Kopf sinken, Kinn auf die Brust. Eine Hand legt sich mir auf den Nacken. Rob. Wärme breitet sich aus, oberflächlich, erst nur die Haut, dann dringt sie tiefer ein.

Fred klopft sich mit beiden Händen den Dreck von der Jeans.

»Lore Dittrik!«, sagt er. »Dein Rücken! Du musst doch aufpassen auf dich!«

Die Dittrich lacht. Lippenstift auf den Zähnen. »Gell, du sorgst dich immer rührend um mich, Fred!« Sie zieht den Parka glatt. »Aber so alt bin ich auch wieder nicht«, sagt sie und baut sich vor Fred auf. Volle Länge, eins siebenundfünfzig. Gerade mal bis an die Brust reicht sie ihm. »Die Doris soll sich auch mal besser nicht bücken«, sagt sie und schaut mir unvermittelt in die Augen, ganz direkt; sonst macht sie das nie. »Die brütet was aus! Seh ich doch!«

Hitze knallt mir ins Gesicht, wieder senke ich den Blick.

Fred legt seinen Arm um die Dittrich. »Weiß du, worauf ich jetzt Lust hätte, Lore?«, sagt er und schiebt sie Richtung Haus. »Einen Kaffee! Zum Warmwerden. Und ein Schnäpschen.«

Die Dittrich springt sofort an. Alkohol. Da kann sie gar nicht anders. »Ich koch dir einen, Fred. Mit Whiskey, ja? Und Sahnehaube. Irish Coffee. Wir machen es uns richtig gemütlich, wir beide!« Sie lacht. »Ja, ja. Etwas Warmes braucht der Mensch!«

Uns hat sie vergessen, Rob und mich, die alte Dittrich. Ihren Mann vermutlich auch. Fred weiß immer genau, was zu tun ist, wenn es eng wird. Er zwinkert uns kurz zu, lässt sich dann widerstandslos ins Haus ziehen.

Rob und ich sind allein.

Über unseren Köpfen fliegt eine Krähe, lässt etwas fallen. Eine Walnuss, die auf den Steinplatten zerplatzt. Die Krähe lässt sich nieder, pickt das Innenleben aus. Wie ein Zwergengehirn, die Windungen.

Um Haaresbreite trifft mein Erbrochenes den großen Vogel. Rob verjagt ihn mit Steinen, damit er es nicht aufpickt.

Und dann muss ich ihm natürlich alles sagen, Rob. Schlechtes Timing, zwei blaue Linien auf einem Teststreifen, Vater so gut wie arbeitslos, Mutter, die immer noch kein eigenes Buch auf die Reihe gekriegt hat und in den Garten kotzt beim Anblick von Nüssen. Gar nicht Urban Garden, cool, hip.

Rob kratzt sich am Ohr. »Verrückt«, sagt er und lässt endlich die Schaufel los. Sie fällt mit einem dumpfen Schlag ins Gras. Er nimmt mein Gesicht in seine Hände. »Da denkst du, du weißt, was du tust. Denkst: Ich grabe den Boden um. Dabei ist es das Leben, das dich umgräbt«, sagt er. »Und zwar gründlich. Alles neu.«

Ich weiß, was er meint. Edaphon. Die Welt steht kopf. Ich lehne meine Stirn gegen seine Schulter.

Dann lassen wir laufen, alle beide, Tränen. Angst, Glück, Wehmut. Den ganzen Mix.

Als wir fertig sind, holt Rob eine Gießkanne mit Wasser, um sauberzumachen. Die Kotze. Dann geht er noch mal los, einkaufen; kurz denke ich: Champagner, doch er bringt Blumenzwiebeln. Nur die, auch keine Zigarren. *Dazzling Double*, steht auf dem Etikett. *Farbmix*. Gerade noch rechtzeitig zum Pflanzen in diesem Jahr. Die letzten Nächte waren kaum über null. Zwiebeln und Knollen müssen sich an den neuen Standort gewöhnen können, einwurzeln, vor dem ersten Frost.

Wir trennen mit Gneisblöcken ein kleines Beet ab, hinten beim Mäuerchen, pflanzen Farben fürs neue Jahr. Neue Runde, neues Leben. Auf das Holzschild schreiben wir: Tulpe, gefüllt. Mehr verraten wir den anderen erst mal nicht.

»Auf Türkisch heißt Tulpe *Lale*«, sage ich zu Rob im Treppenhaus, als wir raufgehen zu uns. »Eine heilige Blume. Anagramm von Allah, klanglich. Hat Sibel mir erklärt.«

»Lale«, sagt Rob, »auch ein schöner Name«, und schiebt sich seine Cap zurecht.

SCHMETTERLING

Man hört, dass Schnee liegt, hört nämlich nichts. Kein Reifenrollen, keine Stimmen, Schritte. Schnee schluckt alles; wie Watte in den Ohren, Traum mit offenen Augen.

Draußen leuchtet der Mond.

»Du oder ich?«, flüstere ich. Rob tut, als ob er schliefe.

Ich trete ihn nicht in die Kniekehle; er hat gestern geschippt, vorgestern schon, und mir geht es gut; ich bin ja nicht krank.

Wir sind immer dran mit Räumdienst nach durchschneiten Nächten. Wochenlang keine Flocke, bis Plöger/Blum auf dem Plan steht. Jede Wette. Wir könnten den Klimawandel stoppen, Rob und ich, wir ganz allein, müssten nur die Kehrwoche übernehmen, freiwillig, fürs ganze Haus den ganzen Winter lang, jahrein, jahraus.

Im Mietvertrag steht: Bis sieben Uhr müssen die Wege frei sein. Jedes Mal ein Wettlauf gegen die

Zeit, das heißt gegen die Dittrich. Die Espressokanne habe ich abends schon befüllt und auf den Herd gestellt, ich muss nur anschalten und warten. Ich beobachte meinen Atem dabei, wie er sich im Raum ausbreitet. Am Küchenfenster wächst ein Gärtchen. Filigrane Blüten, Farne, die das freigekratzte Loch rahmen, den Blick auf den tristen Hinterhof. Eisblumen sind eine Seltenheit geworden; praktisch ausgestorben. Natürlich will ich nichts gegen Energieeffizienzklassen oder Vollwärmeschutz sagen; manchmal wünschte ich mir auch eine Küche, in der ich nicht friere, aber unpoetischer würde das Leben mit Dreifachverglasung schon, hässlicher. Außerdem, sagt Rob, rollt da was auf uns zu, ermüdete Dämmplatten und Schäume. Ich verscheuche den Gedanken an Zukunftsmüll, denke: Espresso.

Etwas davon spritzt aus dem fauchenden Ventil, verbrennt in den züngelnden blauen Flammen; penetranter Gestank, verkohlte Bitterschokolade.

Ich werfe den Mantel über und schleiche auf Socken durchs dunkle, eisige Treppenhaus. Warum halten wir an dem Ritual fest, Rob und ich, jeden Morgen? Wir könnten genauso gut das Licht anmachen und in Stollenschuhen runtertrampeln. Egal wie früh wir aufstehen, egal wie leise wir sind, Genickbruch riskieren – die Schneedecke unten hat schon Macken, eine Fußspur vom Haus zum Gartentor. Größe 37. Die Dittrich trägt Stiefel aus Robbenfell. Jeden Morgen steht sie auf dem Trottoir, Schaufel in der Hand, schwer stöhnend wie im Sterben, dabei hat sie nie auch nur einen Kratzer im Nagellack, die Perücke sitzt, wo sie soll. Offenbar hält sie auch warm; eine Mütze trägt die Dittrich jedenfalls nie. Hausanzüge, einen goldenen Parka, Robbenstiefel, aber nie eine Mütze.

Im ersten Winter haben wir noch unsere Armbanduhren aus den Handschuhen geschüttelt, Rob und ich: 6:45 Uhr, gut in der Zeit! Aber der Dittrich sind Fakten egal.

Wenn sie mich sieht, zetert sie halblaut vor sich hin, das ist ein Automatismus: »Ja, ja – der Kampf mit dem Bettzipfel!« Oder: »Disziplin! Das ist, was hier im Haus fehlt! Beizeiten aus den Federn! Dann würdste auch mal ein eigenes Buch hinkriegen, nicht nur immer die von anderen.«

Autsch!

Es ist schwer, das nicht an sich ranzulassen vor sieben Uhr.

Wie immer, wenn ich unten die Haustür öffne, registriere ich auch heute, wie gewisse Empfindungen durch die kalte Klinke in meine Hand aufsteigen, meinen Körper. Muskelkontraktionen. Bauch, Brust. Nacken. Ein Panzer. Aber als mein Blick nach draußen fällt, ist alles anders als erwartet. Unberührt, perfekt, intakt. Der dicke Schnee leuchtet im Schein der Straßenlampen. Rosenstöcke schlummern unter weichen Hauben. Ich lasse den Atem wieder los, statt ihn festzuhalten, wo er doch rauswill, frei sein. Am Himmel hängt der Mond zum Greifen nah, rund und voll. *Roarrrrr!* Ich möchte brüllen vor Glück. In meinen Ohren singt das Blut. Meine Hände arbeiten im Einklang mit dem archaischen Lied.

Ich schaffe es nicht mal bis zu den Mülltonnen.

»Wenn man nicht alles selber macht!« Die Dittrich stößt weiße Wölkchen aus. Kopfschüttelnd zieht sie einen Straßenbesen hinter sich her. »Wir sind doch ein anständiges Haus!«

Die eisige Luft sticht in meinen Lungen. Ich sage nichts, einfach weitermachen, als wäre ich allein, nur der Schnee, die Schaufel, ich. Aber die Dittrich, schhhht, schhhht, kehrt, wo ich schon war, stört den Rhythmus, verscheucht die Musik, rote, steife Borsten auf dem Asphalt. Aus den Augenwinkeln sehe ich ihr Muster in der feinen Zuckerdecke hinter mir. Ähren. Einmal rechts-, einmal linksherum gebürstet.

»Ins Kittchen«, sagt sie. »Wir kommen alle miteinander ins Kittchen! Braucht bloß mal einer stürzen. Oberschenkelhalsbruch: Wie oft ist das der Anfang vom Ende?«

Ich blicke auf. Ihre Augen blitzen. Nie sieht man sie so lebendig, wie wenn sie vom Tod spricht. Ein Schauer läuft mir über den Rücken, ein Impuls. Meine Hände krallen sich um die Schippe. Die Nachbarschaft im Winterschlaf, gäbe es für einen Mord keine Zeugen. Ich bin gut darin, mir alles auszumalen, stelle mir das Rot vor, Blut auf dem Schnee.

Dann plötzlich – eine Faust in die Magengrube hätte keine größere Wucht, dabei ist die Bewegung ganz sachte, ein Flattern, Flimmern – regt sich etwas in mir. Chrysalis zu Schmetterling, neuentfaltete Flügel erobern einen unentdeckten Raum, vielleicht haben sie ihn auch erst erschaffen. Ich wusste nicht, dass etwas so Schönes existiert. Mein eigenes kleines Gärtchen, tief in mir drin, unberührbar, rein.

»Freitag, 22. Dezember: Schmetterling geschlüpft«, werde ich später notieren, ein frisches Heft mit leeren Seiten. Und daneben einen Rechercheauftrag an mich selbst: ein anderes Wort finden, eine schöneres für Uterus, Gebärmutter.

Die Dittrich lasse ich am Leben. Das ist schon in Ordnung so. Aber dass ich sie gleich zum Kartenabend einladen muss heute Abend, verstehe ich wirklich nicht.

POINSETTIA

Wie im Sommer soll es sein. Essen am Feuer. Die Nachbarn. Grün. Ich packe den Käse fürs Fondue aus der Einkaufstasche, Knoblauch, Weißwein, Baguette. Die Weihnachtspost von Pippa lege ich Rob auf den Tisch. Er reißt das Kuvert auf.

»Und?«, frage ich. Rob liest.

»Neue Wohnung«, sagt er, »im Wedding. Nicht so Prenzlauer Berg, schreibt sie, kaum Muttis mit Lattes.«

Ich stöhne.

»Zwei Zimmer mehr«, sagt Rob, »einen Riesenraum als Werkstatt. Ihr Dawanda-Shop scheint gut zu gehen. Ein Verlag hat sie angeschrieben, sie soll ein Buch machen. Paper crafting.«

Ich versuche, mich auf den Moment zu konzentrieren. Den Nachtisch für heute Abend. Ich habe merkwürdiges Obst gekauft, an dem ich unterm Jahr ohne einen weiteren Gedanken vorbeigehe. Rambutan, Pitahaya, Lychee, Durian. Früchte wie

Insekten, Meeresbewohner. Vegan haben wir wieder geknickt, Rob und ich; in letzter Zeit hatte ich sogar Heißhunger auf Fleisch.

Nager-Leckerli für Atze habe ich gestern schon besorgt, in der Zoohandlung an der Bergerstraße; Atze gehört Arnold. »Blauer Wiener«, eine riesige Kaninchendame. Merle, die eigentlich nie ein Haustier wollte, hat sie gekauft, ein Geschenk zu Arnolds viertem Geburtstag im Oktober. Schlechtes Gewissen wegen der unschönen Trennung. Die Weihnachtsferien verbringt Atze bei uns, weil Arnold und Merle nach Bayern gefahren sind, Familienbesuch. Rob und ich sind dieses Jahr nur an Heiligabend weg. Noch einmal Ruhe. Zweisamkeit.

Bis auf den Kartenabend eben heute. Mit Fondue. Fred und René kommen, Sibel und Zeus. Und die Dittrich. Ich würde gerne sagen, dass Rob das verbockt hat; aber es war ja ein Moment der Schwäche meinerseits. Hormonell, anders kann ich mir das nicht erklären. Zur Deko stehen sechs große Töpfe *Poinsettia* auf dem Esstisch in der Küche. Wenn wir essen, werden wir sie neu platzieren müssen. Ein bisschen viel Gartenfeeling.

Lore Dittrich steht als Erste vor der Tür. Ihretwegen habe ich meinen weitesten Pulli an. Keine blöden Fragen, keine Kommentare.

»Der Herr Dittrich ist froh, den Fernseher für sich zu haben!«, sagt sie und überreicht mir eine

Stumpenkerze, altweiß, mit modellierten Blumen und Blattgoldauflage.

Glühwein will sie keinen, trinkt doch nur heißen Äppler, wie konnten wir das vergessen?

Schlag auf Schlag geht die Klingel. Lange nicht gesehen; sobald es zu kalt ist für den Garten, verschwinden alle nach drinnen, und man fremdelt erst ein bisschen, wenn man sich in einer Wohnung trifft. René sieht älter aus, mehr Tigerkater jetzt, viel Weiß im rotblonden Haar, und Zeus ist deutlich runder geworden. Das denken sie von mir sicher auch: Winterspeck. Nur Fred weiß Bescheid. Für die anderen ist es noch zu früh. Die Dittrich vor allem. Kommt mir sonst mit Ratschlägen und Lebertran.

Bald schon summen die Geschichten um unseren Küchentisch wie an einem Grillabend. Stimmengewirr, alles gleichzeitig, es fällt mir schwer, einen Faden aufzunehmen, ihm zu folgen. René erzählt von einem vielversprechenden Kater. Fred will Darleene einladen, seine Schwester, nächsten Sommer. Sibel plant nach der Nase fürs kommende Jahr eine neue Brust.

»Gott!«, überdröhnt Zeus alle. »Man fühlt sich wie ein Gott, wenn man so einen Algorithmus programmiert!«

Auf dem Herd beginnt der Käse Blasen zu schlagen. Rob rührt, ich soll das Rechauld auf dem Tisch anzünden. Fred sucht sein Hemd ab, aber Zeus zieht sein Zippo schneller. Mir ist etwas flau. Wir haben das Mittagessen vergessen. Es riecht nach Käse, Brennpaste, dem Kaninchen. Nicht gerade Sommergerüche. Bis auf Lores Tosca, das hat immer Saison.

»Ich hab da noch Teppichreste im Keller, Doris«, sagt die Dittrich und guckt mich komisch an dabei. »Vom Wohnzimmer damals. Könntet ihr haben. Brauntöne, kennst du ja. Blumen. Wäre doch schöner hier oben als so nackte Dielen. Gell, Fred, findest du auch? Man rutscht so schnell aus ohne. So ein Sturz kann ja gefährlich werden …« Ihre Augen blitzen.

Ich schaue Fred an. Er schüttelt unmerklich den Kopf.

»Danke, nein«, sage ich. »Teppich ist nichts für uns. Rob ist doch Allergiker.«

Rob niest, wie um mir recht zu geben. Poinsettiaallergie vielleicht oder das Parfüm.

Sibel räumt die Blumentöpfe vom Tisch, damit Rob Platz hat mit dem dampfenden Fondue. Ein Weihnachtssternwäldchen wächst am Boden.

»Essen!«, ruft Fred. René ist noch schnell ins Wohnzimmer, Atze anschauen.

»Blauer Wiener«, sagt René, als er zurückkommt in die Küche. Er reibt sich die Hände. »Bei meinem nächsten Durchgang hier auf Erden versuch ich es mit Kaninchenzucht. Aber jetzt sind im März erst mal die neuen Katzenjungen dran.«

Er hat sich auf den freien Stuhl neben mich gesetzt, kneift mir unterm Tisch ins Knie. Fred hat also doch gesungen. Alte Schachtel.

Und ausgerechnet jetzt: absolute Stille. Generalpause. Alle Gespräche auf einen Schlag verstummt. Keiner sagt was – warum sagt denn keiner was? Gerade als der Drang übermächtig wird, das Schweigen zu brechen – egal was sagen, einfach irgendwas ausplaudern, und wenn schon ein Geheimnis –, reden alle wieder weiter. Durcheinander, laut, genauso wie zuvor.

»Sechser im Lotto, René!«, donnert Zeus und rechnet vor, wie völlig unwahrscheinlich es ist, zimtfarbene Perser bei Renés Ausgangsmaterial. Aber René hört gar nicht hin; Lore nimmt ihn ganz in Beschlag mit ihren Anekdoten von einem jungen Ober, Urlaub am Gardasee im November. René liebt Altweibergeschichten.

»Ganz ein feuriger!«, sagt die Dittrich. »Dunkel! Rassig! Der junge Mario Adorf. Augen wie ein Kälbchen.« Einmal habe sie ihn sogar auf ihren Schoß gezogen beim Dinner. *Valpolicella* in ihrem Dekolleté!

»Und dein Mann?«, fragt René. Sie winkt ab.

»War auf dem Zimmer. Irgendwas mit seinem Hörgerät.« Der Ober habe sie hinterher trocken getupft mit seiner Handserviette. »Alles Spaß!«, sagt sie, lacht. »Alles Spaß!«

»*Shit*«, sagt Fred. Sein Brotbrocken ist ihm von der langen Gabel gefallen, versinkt langsam in der Käsetunke.

Die Dittrich läuft rot an vor Lachen, Ton in Ton mit der Perücke, verschluckt sich am Essen, beginnt zu husten.

»Heimlich-Manöver!«, ruft Zeus und klopft der Dittrich den Rücken, fehlt nur noch, dass sie ihre Zähne ausspuckt.

»Ah, Fred, Brot verloren! Jetzt biste fällig!«, sagt sie, als sie wieder Luft kriegt. Sie trinkt einen Schluck Wasser. »Ein Schnäpschen, jedes Mal, wenn man angeln muss! Kennt ihr nicht, die Tradition, was? Is' so beim Fondue.« Sie schaut in die Runde, feingepinselte Augenbrauen verschwinden unter der Perücke. Keiner von uns nickt. »Dacht ich mir schon!«, sagt sie, »zählt nichts mehr bei euch: Tradition. Lieder. Bräuche. Früher«, sagt sie, »da haben wir, wenn wir so zusammensaßen, immer gesungen. Ei, was haben wir es lustig gehabt!« Sie klatscht in die Hände. »Am Brunnen vor dem Tore. Kein schöner Land in dieser Zeit.« Mit ernstem Gesicht, Pathos, sagt sie: »Und so war es auch, nicht nur im Lied.« Ihre Stimme bebt, ich höre die aufsteigenden Tränen. »Kein schöneres Land weit und breit. Anders als heute. Kannst ja das Haus nicht mehr verlassen, ohne die Tür zu verrammeln. Habt ihr's nicht gelesen? Albanerbande in Bonames? Früher kam nix weg, konntste das Haus offen stehen lassen, tagelang, Fred, im Ernst! Armes Deutschland, kein schöner Land!«

Zeus schnaubt. Meine Schultern schnellen hoch. So offen sagt sie das sonst nie.

Alle sind betroffen.

Rob presst die Lippen aufeinander. Ich sehe, wie viel Kraft ihn das kostet. Nicht schreien, bei allem, was sich angesammelt hat, über die Jahre. »Es sei denn, du warst zufällig Jude! Dann haben sie dir alles genommen, Möbel, Wohnung, Leben«, sagt er leise. Robs Großeltern mütterlicherseits haben sich im Displaced Persons Camp kennengelernt.

»Oder«, sagt René, Augen glasig, könnte auch sein vom Bier, »du warst schwul.«

Zeus springt auf, sein Stuhl kippt um, ein Donnerschlag. »Ausländer! Oder du warst Ausländer! Reicht auch schon.«

Nur Fred stochert weit über den Tisch gelehnt nach seinem Brotbröckchen im Rechaud. Fred aus Texas. Versteht keine Untertöne im Deutschen. Liebliches Nirwana. Erst als Sibel ihr Glas auf die Tischplatte knallt, schaut er erschrocken auf, als hätte sie geschossen.

»Scheiße!«, schreit Sibel. »Argumente, Vernunft! Glaubt ihr im Ernst, damit erreicht ihr sie? Lore, was meinst du dazu? Nix mehr zu machen bei dir, oder?! Verblendet auf Lebenszeit. *Over*. Sag's ihnen!« Sibel nimmt die schwer beringte Hand der Dittrich in ihre, drückt einen Kuss darauf. »Komm schon: Sag's ihnen, Lore, dann können wir hier endlich weitermachen. Ihr habt doch Weihnachten! Karten raus, Rob. Los jetzt, Frieden.«

Bevor jemand was sagen kann, irgendeine Reaktion, kommt Atze um die Ecke gehoppelt. René muss den Käfig offen gelassen haben. Das Kaninchen hüpft auf den Tisch zu. Als es die vielen Menschen sieht, kötelt es vor den Herd.

»Ach Gott, das Vieh!« Die Dittrich klatscht lachend in die Hände. »Gäb auch einen leckeren Braten, gell, Fred, oder ein Ragout.«

Atze rettet ihr den Arsch, und sie kapiert es nicht einmal! Findet es nur lustig, das Ganze. Hat null gemerkt von der Stimmung gegen sie. Ragout, Braten, Kaninchenscheiße. Sonst nichts.

»Na, wär das nicht was für dich, Fred?«, sagt sie, als sie sich wieder beruhigt hat. »Was Kleines, Weiches?« Dann dreht sie sich zu mir und sagt, ich schwöre es, sagt zu meinem Bauch: »Und wann macht ihr endlich Nägel mit Köpfen, Doris?«

Da rettet Atze auch mir den Arsch, macht sich über einen Weihnachtsstern her am Boden, hat ihn schon halb aufgefuttert, noch bevor Rob sagen kann: »Poinsettia ist, glaub ich, giftig.«

Zurück vom Tierarzt, Notambulanz. Die Wohnung ist dunkel, still. Die anderen haben aufgeräumt. Nur noch der Geruch von kaltem Fondue unter den Schrägen. Tosca. Ich lasse mich auf die Couch fallen.

»Stell dir vor, Atze wäre uns weggestorben«, sage ich. »Arnold hätte angefangen zu stottern, oder was verstörte Kinder sonst so machen.« Bleierne Müdigkeit plötzlich vom Tag, der hinter uns liegt, den vielen vor uns. So viel zu lernen. Giftpflanzen, Gefahren. Die Welt. Wie soll das gehen, Elternsein, wenn wir schon für ein Kaninchen zu sorgen in der eigenen Wohnung nicht auf die Reihe kriegen?

Rob setzt mir die Häsin auf den Schoß. Sie ist schwer, warm.

Mein Atem streicht über das seidige Fell, wogendes Getreidefeld, blaue Wellen im Sommerwind.

»Weißt du«, sagt Rob und setzt sich neben mich, »es passiert immer viel weniger als könnte.«

Ich schließe die Augen. Pulsierendes Leben in meinem Schoß. Warm, weich.

»Om«, sage ich. Werde vielleicht doch noch gut schlafen, heute, gleich hier und jetzt.

HEIMATERDE

Mit dem Frühling ist Sibel zurück. Sie steht plötzlich auf der Treppe mit ihrem Koffer, ein paar Kisten. Ich wollte gerade in den Garten.

»Zu viel Drama«, sagt sie und steckt sich eine Kippe an. Der Höhepunkt: Zeus hat ihre Tasse zerschlagen vom Praktikum damals in Seattle. »Klirr, tausend Stücke; da wusste er schon selber nicht mehr, warum«, sagt Sibel. »War es wegen eines Typen, mit dem ich Mittagessen war, oder doch weil ich das elegantere Programm geschrieben habe?« Sie stößt Rauch durch die Nase, schüttelt den Kopf. »Irgendwas ist immer.«

»Und was ist mit Neyla und ihren Schwestern?«, frage ich. Kein Platz für eine Vierte.

Sibel schnippt Asche auf den Boden. »Perfektes Timing«, sagt sie. »Neyla ist ab nächster Woche wieder allein.«

Da dachte ich immer, Wände aus Papier zwischen unseren Wohnungen, wir hören alles, Rob und ich, aber Noura, die jüngste, ist schwanger geworden, ohne dass wir etwas davon mitgekriegt hätten. Ein Türsteher in irgendeinem Club. Sie ist ja auch sonst sehr rund, die paar Kilos mehr oder weniger.

»Nicht so weit wie du«, sagt Sibel und zeigt mit der glühenden Kippe auf meinen Bauch. Er hängt vor mir wie eine Riesenfrucht, Melone oder Kürbis. »Den Schulabschluss kann sie trotzdem knicken. Laut Neyla kotzt sie sich morgens die Seele aus dem Leib.«

Wenn Sibels Bad nicht zur anderen Seite rausgehen würde, hätten wir was gehört, garantiert, Rob und ich.

»Natürlich machen die Eltern Neyla die Hölle heiß. Nicht aufgepasst und so.« Sibel hebt die Schultern, lässt sie wieder fallen, »Aber im Grunde genommen ist Neyla urfroh, Noura wieder loszuwerden. Am Wochenende ist erst mal die Hochzeit. Kleine Feier, nur die engsten Verwandten. Hundertfünfzig Gäste, mehr nicht.«

»Arme Esra!«, sage ich. »Endlich ein Mann in der Familie und dann nicht für sie.« Neylas große Schwester war immer davon ausgegangen, dass sie die Erste sein würde, hat das planmäßig vorangetrieben.

»Deshalb zieht ja Esra auch aus – zurück nach Hause, Wunden lecken.« Sibel verzieht den Mund.

»Neyla gibt alles, redet sich den Mund fusselig: Glück ist auch ohne Mann möglich, erst mal leben, Selbsterfahrung und so. Familie macht ja auch unfrei.«

Manchmal wird mein Bauch schon hart, probehalber, wie eine Melonenrinde.

Sibel grinst. Sieht wirklich aus wie Miley Cyrus, jetzt. Nur trainierter, muskulöser. »Neyla findet, Esra sei eine begnadete Zeichnerin. Esra soll, findet sie, die Aufnahmeprüfung für die Kunsthochschule machen.« Sibel ascht auf den Boden. »Eigentlich muss Neyla ihre Doktorarbeit fertig schreiben. *Von Bienchen und Blümchen*. Irgendwas mit sozialen Tieren. Die Karriereplanung für Esra ist ein glattes Ablenkungsmanöver.«

Mein Bauch juckt. Ich kratze. »Und du?«, frage ich. »Was ist mit dir?«

Sibel wirft ihre Kippe auf die Treppe. Dann predigt sie ihr neues Dogma. *Simplify your life*. Keinen Griechen mehr für eine Weile, neuer Busen. Kleiner, leichter. Mit Körperarbeit allein, Low-Carb, Sport nicht zu schaffen. Die OP ist für Mai angesetzt. »Eine Körbchengröße Minimum«, sagt sie und streicht sich die Vorderseite glatt, die ohnehin straff ist, hart, das einzige Sixpack in der Drübkestraße.

Als sie meinen Schluchzer hört, zuckt sie erschrocken auf. »Doro?«

»Ich habe seit Wochen meine Füße nicht gesehen«, sage ich und kann die Tränen nicht mehr stoppen, »und außerdem«, sage ich zwischen Schluchzern wie Schluckauf, »außerdem hat Rob … Rob hat …«

»Sag nicht 'ne andere, der Schuft?« Sibel funkelt böse. »Das hätte ich ihm nie zugetraut! Er hat doch nicht mal Zeit für dich; Architekt, schlimm genug für eine Familie.«

»Nein!«, sage ich und wische meine Nase am Jackenärmel. »Keine andere! Er – Rob hat einen neuen Job.«

Sibels Augen leuchten auf.

»Siehst du!«, sagt sie. »Sag ich doch! Hab ich's nicht gleich gesagt?« Sie legt ihre Hand auf meine Kugel. »Könnt also doch Windeln kaufen und Brei für den kleinen Scheißer. Pardon: Scheißerin. Ihr Deutschen wollt es doch immer korrekt.«

Ich stampfe mit dem Fuß auf, dass es dröhnt im Treppenhaus. »Mensch, kapier doch!«, schreie ich. Sollen nur alle hören, was los ist! Die Dittrich, Fred. Merle, Arnold. Sie werden es sowieso bald merken, wenn wir fehlen, Rob und ich. Das Haus, der Garten ohne uns. Sibel die gerade dabei war, sich eine frische Kippe zwischen die Lippen zu stecken, stutzt.

»Wir ziehen weg!« Ich verdrehe die Augen. Mein Bauch ist schon nass von den Tropfen, Tränen.

»Oh«, sagt Sibel. »Scheiße!« Sie lässt das Feuerzeug wieder sinken, ohne dass die Kippe brennt.

»In die Provinz!«, sage ich.

Sibel schüttelt den Kopf. »Scheiße! Scheiße!«

»Reihenhaus«, sage ich. »Robs Eltern haben geholfen.«

»Schlimmer und schlimmer!« Sibel zündet das Feuerzeug, zieht voll auf Lunge.

»Garten, Beete, Rasen. Ein Carport. Alles für uns ganz allein.«

»Fuck.«

Unten knarzen die Treppen. Die Dittrich. Sonst wer. Scheißegal.

»Es ist so unfair!« Ich klinge wie ein Kleinkind, kann es nicht stoppen. »Wir gehen, und du darfst bleiben, dabei hast du doch nicht den geringsten Schimmer von Pflanzen! Bei dir ist Hacken doch nur am Computer, alles virtuell!«

Und dann lass ich sie stehen. Nicht aus Wut, weil meine Blase sich alle halbe Stunde meldet. Das Kind drückt. Als ich zurückkomme, ist Sibel verschwunden. Ich klingle. Keine Antwort.

Wir haben alles gepackt, Rob und ich, nur tragen mussten die Jungs allein. Natürlich sind René und Fred heute zum Helfen da. Jetzt sind sie in Freds Küche unten, schmieren uns Sandwiches für die Fahrt. Rob ist noch mal schnell zum Getränkemarkt, Äppler kaufen, zum Mitnehmen in die Provinz. Wir werden ihn mit Wasser strecken, über Wochen, Monate nur daran nippen, ich aus einem Fingerhut.

Ich war schnell noch mal im Garten unten eben, was loswerden. Eine kleine Aufmerksamkeit. Ohne freundliche Grüße von Doro Blum. Die Samenbomben, Eigenproduktion, sind gut geflogen, ideale Streuung, einmal quer über den Englischen Rasen. Beikräuter, Gräser, Löwenzahn vor allem. Dann habe ich mich wieder die Treppen hochgeschleppt, ein letztes Mal.

Leer wirkt die Wohnung fast groß genug für drei, das Wohnzimmer jedenfalls. Ich breite die Arme aus. Langsam, ganz langsam beginne ich mich zu drehen, um meine eiernde Achse, den grotesk verschobenen Körperschwerpunkt.

Rob steckt den Kopf durch die Tür. »Komm!«, sagt er und reicht mir die Hand. »Komm! Die anderen warten schon.«

Alle stehen sie unten. Fred, René, Neyla, Merle, Arnold. Die ganze Drübkestraße 13, bis auf die Dittrich und Sibel, weiß der Teufel, wo die stecken. Augenblinzeln, krumme Gesichter, halb Lächeln, halb Weinen. Geschenke. Arnold streckt mir eine Spielfigur aus Plastik entgegen. Ich nehme sie. Marvel Hero, ein Bein fehlt. Arnold sieht zu Merle auf: »Du sollst!«, sagt er, also spricht Merle für ihn. »Arnold schlägt vor«, sagt sie, »dass ihr euer Kind

Power Ranger nennt oder Shrek.« Dann überreicht sie mir ihr Geschenk. Ein Buch. Ich packe es aus. Ein Erziehungsratgeber. »Standardwerk«, sagt Merle. »Danke«, sage ich.

Fred will gerade was sagen, aber René ist schneller, er tritt vor, drückt mir einen Kuss auf den Mund.

»Chattanooga ist ja weiter als du«, sagt er und legt seine Hand auf meinen Bauch. »Sobald die Kleinen da sind, schicke ich euch Fotos. Dann könnt ihr eins aussuchen. Vorzugsrecht.«

Rob neben mir kriegt eine Niesattacke, der bloße Gedanke an Katzenhaar reicht. Ich versuche, nicht darüber nachzudenken, welche Allergien das Kind haben wird. Pollen, Gräser, Tierhaar.

Neyla hat ein Gefäß für uns, schön glasiert, Blautöne wie Atze, der Deckel ein umgekehrter Trichter. »Eine Tajine«, sagt sie. »Damit ihr in Spätzleland auch mal was Ordentliches zu essen kriegt, kulinarische Provinz!« Sie bedankt sich noch mal für den Kontakt zu Robs Cousine. Ich habe Neylas Schwester Esra bei Pippa untergebracht, Extrazimmer, ein paar Wochen lang. Esra will sich Berlin anschauen, vielleicht was studieren, vielleicht auch jemanden kennenlernen. Zu Pippa hab ich gesagt: Vielfalt fängt in den eigenen vier Wänden an, nicht erst im Garten. Wer weiß, vielleicht kann Esra was entwerfen für Pippas Dawanda-Shop.

»Doris! Doris!« Da kommt sie ja doch noch, goldener Kaftan, Sonntagsperücke, falscher Name auf den Lippen. War wahrscheinlich noch mit Bügeln beschäftigt, das Weihnachtspapier, in das sie das Päckchen gewickelt hat, das sie mir entgegenstreckt.

»Es sind Mullwindeln drin, Babymützchen«, sie schnauft gewaltig, »von Benno noch. Kann man nie genug von haben, wirste sehen.« Das Päckchen riecht nach Tosca. »Und denk dran«, ihre Augen glänzen, »immer schön schreien lassen, das Kleine! Das stärkt die Lungen!«

»Andiamos«, sagt Rob und rollt mit den Augen. »Es wird sonst dunkel, bis wir da sind.«

Jemand hustet.

»Ach, da biste ja, Herr Dittrich«, sagt die alte Schachtel, und tatsächlich steht er plötzlich da, ihr Mann. Anzughose bis unter die Brust, Hosenträger über dem weißen Hemd. Ich hatte fast vergessen, wie er aussieht. Johnny Cash, kurz vor dem Ende.

»Dorothea«, sagt er, »alles Gute, Robert und Ihnen!« Er drückt mir eine Flasche in die Hand. Eierlikör, halbvoll. Dann wendet er sich an Rob. »Bloß nicht zu viel sagen lassen in der Ehe«, sagt er. »Die Frauen reden viel, wenn sie in die Jahre kommen!«

Die alte Dittrich winkt ab. »Ach, hör doch auf zu unken, alter Motzkopp, so schlecht haben wir's doch gar nicht miteinander.« Sie gibt ihm einen Knuff, Oberarm, fast schon Zärtlichkeit.

Dann wird es Zeit. Ein letzter Abschied, der schwerste.

Wir stehen uns gegenüber, Fred und ich, verlegen, fallen uns schließlich doch in die Arme.

»Du bist so groß um die Mitte«, sagt er zu meiner nassen Schulter, »dass meine Arme ausleiern.« Ich gebe ihm einen Kuss.

Fred versucht zu lächeln, drückt mir eine Tüte in die Hand. Ein winziger Strampler aus rot kariertem Flanell. »Texas Lumberjack«, steht drauf. Darleene hat ihn für uns besorgt, Freds Schwester, in seinem Auftrag. Dann steckt er mir noch ein Päckchen zu. Zigaretten, HBs. »Wenn Doris junior nervt«, sagt er. »Und nie vergessen: Unkraut liegt immer im Auge des Betrachters!«

Rob schiebt mich von unten auf den Beifahrersitz des Transporters. »Erzähl eurem Redneck-Baby alles von uns!«, ruft René, seine Brille leuchtet auf, ein Sonnenstrahl, wie ein Reflektor, Katzenaugen in der Nacht. »Erzähl vom Garten. Der Stadt. Schreib ein Buch!«

»Aber mach mich jünger«, sagt Fred, »mindestens fünf Jahre. Und dünner, okay?«

»Dass du nur nichts über mich sagst!«, sagt die Dittrich und rückt sich mit beiden Händen die Frisur zurecht. »Braucht keiner was zu wissen über mich. Kommt ja doch nichts Gutes dabei raus!«

Fuck, ich werde sogar die Dittrich vermissen.

Und Sibel, die es nicht mal heute pünktlich schafft, obwohl ich ihr gesimst habe: 9:30 Uhr und Adieu!

Gerade als ich die Tür zuschlagen will, Rob steckt den Zündschlüssel schon ins Schloss, kommt sie doch noch die Treppen runter: Sibel. Kippe zwischen den Lippen, weil sie die Hände braucht, zum Tragen. Ein Holzkasten, über und über beklebt mit Steinchen, Glas, ein Mosaik, kleinteilig, wunderschön.

»Selbstgemacht, Schatz«, sagt sie und hebt die Kiste hoch zu mir. »Für euren Garten.«

Der Kasten ist oben offen.

»Erde?«, frage ich.

»Regenwürmer«, sagt sie, »Original *Lumbricus Drübkensis*. Hab sie gestern für euch ausgebuddelt, hier im Hinterhof, als Integrationshelfer. Verwandeln die Fremde, *peu à peu* in Heimaterde. Vorne rein, hinten raus. Musst sie nur aussetzen in eurem neuen Garten.«

Immer bringt sie mich zum Heulen, Sibel, obwohl ich nicht will.

Wir umarmen uns, ich von oben, sie von unten.

Dann wirft Rob den Motor an. Sibel schnieft und schlägt die Tür zu.

Das war's. Wir fahren.

Als wir die Drübkestraße verlassen, südwärts, kommt mir ein Gedanke.

»Vielleicht«, sage ich, »vielleicht kriegen wir es ja hin mit dem Kind. Vielleicht ist es mit der Fortpflanzung gar nicht so anders als mit dem Garten.«

Rob lächelt mir über den Rückspiegel zu. Ein feines Lächeln, melancholisch, lieb, ein klein bisschen sexy. Nur er bringt das fertig, so ein Gemisch.

»Wachsen und wachsen lassen«, sagt er, nickt und gibt Gas.

DANK

Viele Menschen haben mich direkt und indirekt bei der Arbeit an *Garten, Baby!* unterstützt; besonders danken möchte ich: Kristine Kress von Ullstein, die überall noch Mauerblümchen entdeckt und ins rechte Licht gerückt hat; Nora Boeckl von der Agentur Petra Eggers für ihren Enthusiasmus und feinen Humor; Michèle Minelli und Peter Höner für ihre kollegiale Großzügigkeit und den unerschütterlichen Glauben an meinen grünen Daumen; Franziska Schramm und Johannes Nolte, Schreibbuddies fernab der Großstadt, für das notwendige Quantum Urbanität, Fränzi auch für „stubborn gladness"; Katrin, Maja, Andrea und den anderen Frauen aus der Kutmühle für den Kaffee, die freundlichen Worte und wichtiger noch: das freundliche Schweigen während ich zwischen ihnen schreiben durfte. Für die zahllosen Stunden in echten Beeten: David Heard. Danken möchte ich auch meinen Eltern: dieses Geschenk, die beiden Sprachen und die Liebe zu Geschichten. Last but not least Andreas und Lydia – köstliche Beikräuter und Wildwuchs *year-round.*

Besuchen Sie uns im Internet
www.ullsteinfuenf.de

FSC
www.fsc.org
MIX
Papier aus verantwortungsvollen Quellen
FSC® C014496

Ullstein fünf ist ein Verlag der Ullstein Buchverlage GmbH, Berlin
ISBN 978-3-96101-015-8

Umschlaggestaltung: semper smile, München
Titelabbildung: mingcreative / Getty Images; Printstock Collection/ Getty Images; secondcorner / Shutterstock
Foto der Autorin in der Innenklappe und auf Seite 1:
© Patrick Pfeiffer
Gesetzt aus der Adobe Garamond Pro
Satz: L42 AG, Berlin
Druck und Bindung: GGP Media GmbH, Pößneck
Printed in Germany